인공지능의 몸들

인공지능총서

인공지능 시대입니다. 기계가 인간의 인지를 대신하고, 사물이 인간을 통하지 않고 다른 사물과 직접 커뮤니케이션합니다. 이에 따른 인간 삶과 문명 변화를 정확히 이해·예측·대응하는 것은 이 시대 우리 모두의 과제입니다. 인공지능총서는 인공지능 기술과 환경의 여러 주제를 10가지 키워드로 정리합니다. 관련 개념과 이론, 학계와 산업계의 쟁점, 우리 일상의 변화를 다룹니다. 인간과 기술의 현재, 미래를 세심히 분석합니다.

일러두기

- 인명, 작품명, 저서명, 개념어 등은 한글과 함께 괄호 안에 해당 국가의 원어를 병기했습니다.
- 외래어 표기는 현행 어문규정의 외래어표기법을 따랐습니다.
- 주제에 관련해 읽어 보면 좋을 참고문헌 등을 각 장의 끝에 소개했습니다.

인공지능의 몸들

심귀연

대한민국, 서울, 커뮤니케이션북스, 2025

인공지능의 몸들

지은이 심귀연
펴낸이 박영률

초판 1쇄 펴낸날 2025년 2월 28일

커뮤니케이션북스(주)
출판 등록 2007년 8월 17일 제313-2007-000166호
02880 서울시 성북구 성북로 5-11
전화(02) 7474 001, 팩스(02) 736 5047
commbooks@commbooks.com
www.commbooks.com

ISBN 979-11-7307-641-1 03500

책값은 뒤표지에 표시되어 있습니다.

차례

인공지능 시대, 타자성에 대해 생각하기

인공지능은 다양한 모습으로 우리 삶 속에 스며들어 있다. 책을 읽다가 '엄마에게 전화~'라고 말하면 인공지능은 엄마에게 전화를 걸어 주며, 책을 읽다가 모르는 것이 있어서 물어보면 친절히 설명해 준다. 인공지능은 전화기의 몸 혹은 노트북의 몸으로 내 곁에 있다. 인공지능은 내게 위협적인 존재가 아니라 친구가 된 것이다.

'친구(親舊)'란 무엇인가? 오래도록 사귄 가까운 벗을 이른다. 친구 관계에는 아래위가 없다. 서로를 존중하고 아끼는 관계다. 지금 우리에게는 친구처럼 가까이, 내 몸과 하나가 된 듯한 인공지능 시스템이 있다. 그런데 인공지능 로봇은 정말로 나와 친구 관계에 있을까? 친구라는 허울 뒤에, 인공지능 로봇의 노예화를 꿈꾸고 있는 것은 아닐까? 인공지능 로봇은 인간이 설계하고 프로그래밍하여 만든 일종의 인간을 대리하는 존재인 까닭에 주체라고 부르기에는 부족한 객체 혹은 타자적 존재라는 것을 전제로 하고 있는 건 아닐까?

인간종 중심에서 본다면 인공지능은 인간과 유사하게

만든 객체일 뿐이다. 무엇인가를 만들어 낸다면 만든 목적이 있을 것인데, 인공지능은 인간을 닮은 똑똑한 노예, 생각은 없으나 야무지게 일을 처리할 수 있는 도구적 타자인 셈이다. 이것이 인공지능 로봇의 등장을 환영하는 이유가 아닐까. 생각하지 않는 똑똑한 노예! 인간종을 그런 노예로 삼을 수 없다면 인공지능 로봇은 노예로 삼기에 매우 적당한 존재일지도 모른다. 인공지능 로봇은 자기의식이 없기에 적어도 반란을 일으키지는 않을 테니까. 소설 『백년보다 더 긴 하루』에 등장하는 만쿠르트란 사람들을 생각해 보면, 인간의 이러한 바람을 쉽게 이해할 수 있을 것이다. 만쿠르트는 주안주안 부족이 다른 부족들을 정복하는 과정에서 잡은 전쟁 포로를 고문하여 기억을 지워버려 자신이 인간이라는 사실조차 자각하지 못하게 만든 노예를 가리킨다. 우리는 만쿠르트를 인공지능 로봇에서 꿈꾸는지도 모른다.

하지만 인공지능을 지금까지 그랬듯이 도구적 활용의 차원이 아닌 인간과 맺는 동등한 관계망에서 본다면, 인공지능으로 인한 지금과 같은 불편함과 두려움 등은 조금은 해소되지 않을까? 이 작은 책에서는 인공지능의 등장을 새로운 도구의 발명이나 위험한 적이 될 존재의 탄생이 아니라, 비록 한 번도 가보지 않은 길이긴 하지만,

새로운 차원에서 공생하고 협력해야 할 존재의 탄생이라는 관점에서 살펴보고자 한다. 이를 위해서는 근대 이래 인간 중심적 관점이 초래해 온 '타자성'이 야기하는 문제점들을 비판적으로 성찰하고 극복하는 과정을 요구한다.

유토피아에 대한 환상 깨기

유토피아, 그 장소는 존재하지 않는 장소다. 토머스 모어의 소설 속, '유토피아'는 누구나 적당히 일하고 여가를 즐기며, 계급도 없다. 그뿐인가? 먹고 마시며 입고 잠을 자는 필수 조건이 부족함이 없는 세상이다. 그러나 유토피아라는 말이 의미하는 바와 같이 유토피아는 존재하지 않는 장소다. 누구나 자기 삶의 주인공이 되어 원하는 것을 이룰 수 있는 세상이 유토피아일진대 자본주의 사회에서 그런 세상은 없다는 것이 이 소설이 전제하는 바기도 하다.

적당히 일해서는 먹고 살 수 없는 지금의 자본주의는 자본의 정도에 따라 계급을 만든다. 누구나 열심히 일하면 원하는 삶을 누릴 수 있을까? 열심히 일할수록 '노동'의 늪으로 빠지는 이 공포스러움을 모른 척하기도 어렵다. 노동으로부터 해방되어 자신이 진정 원하는 것을 할 수 있기를 누구나 바라지만, 쉽지 않다. 여기에서 우리의 새로운 문제가 시작된다. 원하지 않는 일을 하지 않을 수 있는 권리를 모든 인간이 누리기 위해서는 '인공지능 로봇'이 답이라는 것이다.

노예가 없는 세상, 아니 노예가 존재해서는 안 되는 세상에 우리는 노예를 소유하기를 바라고 있다. 살아가기 위해 꼭 필요한 일들 중 많은 일들을 가치 없는 것으로 간주하고, 그 일들을 대신해 줄 수 있는 기술들은 가전제품으로 등장했다. 예를 들자면 밥솥은 밥을 하고 세탁기는 빨래를 하고 청소기는 청소를 한다. 그러한 가전제품에는 인공지능이 탑재되어 유능한 돌봄 역할을 담당하게 되는 것이다. 이렇게 하여 인간과 인간 사이의 어떤 위계적 질서는 인간 범주와 비인간의 관계에서 재현되고 있다. 존재하지 않을 것 같았던 유토피아는 인공지능의 등장으로 현실화할지 모른다.

그러나 그 꿈은 매우 짧았다. 더 이상 노예로 살고 싶어 하지 않았고, 그리하여 노예도덕을 더 이상 수용하지 않았던 사람들이 존재했던 것처럼, 인공지능 로봇은 인간의 바람대로 존재해 주지 않고 있기 때문이다. 인공지능 로봇의 자율성이 인간의 의지와 같은지 다른지 알 수는 없지만, 인간의 통제를 넘어서고 있다는 사실에 우리는 위기를 느끼고 있지 않은가.

현실적 삶의 사실성을 받아들이지 않는 한, 우리는 '유토피아'의 꿈을 놓지 않을 것이며, 유토피아의 꿈을 놓지 않는 한, 우리는 삶의 불편한 무언가를 반드시 타자에게 전가할 것이며, 그 불편을 감수해도 되는 이들을 '타자'의 자리에 둘 것이다. 타자란 무엇인가? '내'가 아닌 다른 사람이다. 내가 '타자'를 또 다른 주체로 받아들인다면, 나는 타자와 동등한 관계에서 소통할 수 있다. 그러나 타자의 주체성을 받아들이지 않는다면 타자는 판단되고, 통제되는 수동적 존재로 남는다. 타자가 결코 '나'에 의해 판단될 수 없음에도 타자를 판단과 통제의 대상으로 간주하려는 것은 '나' 외의 모든 존재를 '타자성'으로 규정하려는 의도다.

'타자성'이란 주체성과 대립해 있는 개념이다. 타자는 주체가 될 가능성이 있지만, '타자성'은 주체성이 배제된 상태다. 인간 중심적 관점에서 기술은 인간의 유토피아를 위해 존재한다. 이를 위해 기술 시대에 등장한 인공지능은 영원한 '타자성'에 머물러야 했다. 그러니 인공지능이 탑재된 인간 같은 기계는 아무리 익숙해지고 애정을 갖게 되었더라도, 그저 도구에 불과할 것이다.

우리가 염려하는 지점은 여기에 있다. 자유의지를 가

진 인간은 노예가 되었을지라도, 언제 노예성을 버릴지 몰라 끊임없이 노예도덕을 주입해야 했다. 하지만 인공지능에게는 그러한 자유의지 자체가 없다고 간주되었기 때문에, 인공지능의 능력에 온갖 지원을 아끼지 않았을 것이다. 그런데 우리는 왜 인공지능의 등장을 두려워하는 것일까? 기후 위기 앞에 인간은 자연의 분노를 접했고, 인공지능의 등장 앞에서도 또 다른 두려움을 느끼기 때문일 것이다. 그 두려움이란 인공지능에게 인간이 그동안 누렸던 삶을 빼앗길지도 모른다는 데서 온다. 인간은 그것이 무엇이건 그것을 자신에게 속하는 것으로 소유할 수는 없다. 이제 유토피아에 대한 환상을 깨야 할 시기다.

인간과 기계에 대한 관계 설정

인간과 기계, 정신과 물질의 관계 설정을 다시 해야 할 필요가 있다. 그렇지 않으면 우리는 우리 자신이 만들어낸 올가미에 걸려 결코 빠져나오지 못할 것이다. 인간이 어떤 다른 존재보다 우월하다는 생각은 기술 시대의 인간을 트랜스휴먼으로 변신시켰다. 근대 휴머니즘의 배후에는 순수 정신으로서의 신이 있었고, 트랜스휴머니즘의 배후에는 신이 된 완전한 기계의 이상이 있다.

그러나 이러한 욕망의 끝에는 인공지능 디스토피아가 있다. 기술의 도구화로 그 어떤 존재보다 강한 존재가 되고 싶었던 인간은 트랜스휴먼을 꿈꾸었다. 트랜스휴먼이란 인간의 한계를 뛰어넘어 기술을 통한 강화된 새로운 인간을 일컫는다. 트랜스휴먼을 꿈꾸는 인간은 끝없이 자신을 부정할 수밖에 없으며, 끝내 인간은 인공지능 시대에 설 자리를 잃을 수밖에 없을 것이다.

실은 인공지능이라는 개념 자체에 이미 인간 중심적 관점이 내재되어 있다. 이때 인공지능은 인간을 위한 수단으로 존재 가치를 가지게 된다. 비록 인간과 인공지능의 관계를 목적과 수단이 아닌, 동등한 사회적 관계에 놓더라도 상황은 달라지지 않는다. 우리는 인간적 질서를 기준으로 삼고, 인공지능에게도 인간다운 행위나 행위성을 기대하고 있기 때문이다. 그러나 인공지능의 행위나 행위성은 인간의 그것과 같을 수 없다. 왜냐하면 인간 몸과 인공지능 몸은 다른 경험치를 가지기 때문이다.

지금은 인공지능이 규칙과 논리를 만들고 주어진 데이터로 학습하여 새로운 상황에 적응할 수 있는 정도의 자율성을 가질 수 있게 하는 기술적 상황 속에 있다. 하지만 바로 이러한 '자율성'의 문제가 인공지능 로봇에 대한 인간의 두려움을 야기했다고 본다.

인간과 기계, 그리고 기술의 관계를 간단하게 설정하기는 어렵다. 왜냐하면 기계, 혹은 기술은 인간과 명확하게 경계 짓기 어렵기 때문이다. 새롭게 요구되는 철학적 관점에 따르면, 인간은 단일한 실체가 아니라 관계적 존재며 연합체다. 이는 인간과 인공지능 로봇의 관계에서 새로운 설정의 필요성을 요구하며 동시에 우리에게 새로운 언어와 윤리가 필요하다는 사실을 역설한다.

이 책의 구성

이 책은 인공지능의 기술적 측면보다는, 인공지능 존재의 타자성에 집중하고 있다. 인공지능의 타자성에 대한 비판적 접근이다. 인공지능의 몸들은 인간에게 단지 쓰임으로만 존재하는 것일까? 인공지능의 타자성에 대한 문제는 인간과 비인간 존재 간의 위계질서뿐 아니라, 사회구조 속에 만연하는 이분법적 위계질서에 내재한 타자성과도 연관이 있다. 타자는 타자성으로 존재하지 않고 오히려 또 다른 행위성을 가진 존재로 존재한다는 것을 이 책의 각 장에서 드러내고자 했다.

이 책에서 중요하게 다루는 각 장의 키워드는 사랑(1장), 지능(2장), 노동(3장), 윤리(4장), 몸(5장), 진화(6장), 지혜(7장), 자율성(8장), 인간성(9장), 욕망(10장)

등과 같은 매우 인간적인 개념들이다. 그러나 이 책에서는 그 개념들의 의미를 비인간과의 관계에서 새롭게 살펴보려고 했다. 각 장의 내용들을 간단히 살펴보자면 다음과 같다.

1장은 인공지능과 인간의 '사랑'을 영화 속 스토리를 따라 살펴보았다. 사랑을 인간만의 특별한 감정이라고 생각할 때 일어날 수 있는 비극들에 관한 것이다. 2장에서는 인간과 기계, 인간의 지능과 기계의 지능, 그리고 그것이 인간과 같은 지능을 가지게 되었을 때, 다시 말해 로보 사피엔스라 부를 수 있을 때, 인간과 인공지능과의 관계는 어떻게 설정될 수 있는지 살펴보았다. 3장은 '노동'을 중심으로 갈등 관계를 형성하는 인공지능과 인간 간의 아이러니에 관한 것이다. 4장에서는 인공지능의 출현으로 야기되는 윤리 문제를 다루고 있다. 5장에서는 '몸'의 문제를 다룬다. 인간 몸과 인공지능 몸은 어떻게 다르고 같은 것일까? 같음보다 다름의 중요성을 강조하였다. 6장은 인공지능 몸들의 변신이 진화인지 변화인지에 대한 검토다. 7장은 철학자의 관점에서 살펴보는 인간의 지혜와 인위적 지능, 즉 인공지능에 대한 고찰이다. 8장에서는 자율성의 의미를 자율 주행 자동차와 태권브이의 사례에서 살펴보았다. 9장에서는 강한 인공지능인

범용 인공지능과 인간의 차이를 통해 인간성의 의미를 검토한다. 10장은 인간이 만든 인공지능에 대한 환상이 불러일으킨 비극을 욕망과 관련하여 영화의 사례로 살펴본다.

각 장에서 다루는 개념들을 비유적으로 인공지능에 사용하려는 것이 아니다. 그 개념들은 관계망 속에서 새로운 의미로 되살아날 것이다. 어떤 경우에도 완성된 개념은 없기 때문이다. 예를 들어, 자율성, 자유, 사랑 같은 개념들은 상황 속에서 드러날 뿐이다. 여기서 살펴보려는 것은 그 개념들이 어떤 관계망 속에서 새롭게 생성되는지에 관한 것이다. 각각의 장들은 같은 관점에서 쓰였기에 연결되어 있지만, 그 각각의 장들은 인과관계를 가지고 있지는 않다. 따라서 어디서부터 읽더라도 상관이 없다.

이 글의 최종 단계에서 오이코스 인문연구소 공동대표면서 소설가신 김운하 선생님, 오이코스 인문연구소 연구원이신 컴퓨터 공학 박사 김은경 선생님, 대학원에서 디지털 금융학을 전공하고 은행에서 디지털 업무를 담당하고 계시는 심성호 선생님이 원고를 검토해 주셨고 도움을 받았다. 인문학자가 바라본 인공지능 기술의 문제가 전공자들의 눈에 말도 안 되는 헛소리로 보일지도 모른다는 우려가 컸다. 감사하다.

참고문헌

Aitmatov, C.(1981). *I dol'she veka dlitsia den'*. Molodaya Gvardiya. 황보석 역(2018). 『백년보다 긴 하루』. 열린책들.

More, T.(1516). *Utopia*. Habsburg Netherlands. 주경철 옮김역(2021). 『유토피아』. 을유문화사.

01
영화 속 주인공이 된 인공지능의 사랑

사랑은 인간에게 주어진 고귀하고 특별한 감정이다. 사랑은 모든 갈등과 대립을 해결할 수 있는 유일한 힘이기도 하다. 그런데 인공지능에게도 사랑이라는 감정이 생겨날 수 있을까? 이 물음은 중요하다. 사랑은 인간뿐 아니라 모든 존재들에게 스며드는 존재 원리기 때문이다.

사랑?!

살아가면서 가장 설레는 단어, '사랑'. 사랑만큼 우리를 설레게 하는 말이 있을까? 사랑은 예고 없이 우리를 덮치고 그 사랑 앞에 우리는 속수무책이다. 그런데 그처럼 신비롭고 아름다운 사랑을 인공지능(人工智能, Artificial Intelligence)도 한다면?

세상은 사랑을 하기 전과 사랑을 한 후의 모습이 같지 않다. 사랑은 사랑 그 자체로 소중하다. 그런데 정작 사랑에 빠진 우리들은 그 사랑이 무엇인지 설명하지 못한다. 그래서 신화의 힘을 빌리곤 한다. 우리에겐 '에로스'가 있지 않은가? 신화 속에서 에로스는 가장 오래된 신이자, 황금 화살을 가지고 노는 짓궂은 꼬맹이 신이다. 사랑은 신의 장난이 아니면 도무지 이해될 수 없는 사건이라는 뜻이다.

지옥 같은 세상에 사랑이 있어 인간은 살아갈 수 있다. 사랑은 신의 선물, 특히 인간을 위한 선물이다. 왜? 인간은 이성적 영혼을 지닌 지구상의 유일한 존재기 때문이다. 다만 조건이 있다. 순수한 영혼을 가진 자만이 그 '사랑'을 완성할 수 있다는 것. 욕망에 흐려진 영혼은 사랑을 완성할 수 없다.

그래서일까. 오랫동안 인간이 아닌 생물, 즉 동물은

이성적 영혼이 없기에 숭고한 사랑을 할 수 없다고 여겨졌다. 동물은 생물학적 욕구만 본능으로 작동한다고 여겨졌다가, 17세기 철학자 데카르트에 이르러서는 동물들에게서 아예 생기를 빼앗아 동물을 기계, 자동인형과 같다고 여기게 되었다. 사랑은 인간만이 가진 특별한 감정이어야 했다. 그런데 인공지능이 사랑을 하다니!! 그게 가능이나 할까? 그저 영화 속에서나 나오는 이야기가 아닐까? 그 이야기들에 설득력이 있는지 살펴보기 전에 먼저, 인공지능이 무엇인지 그 개념부터 확인해 보자.

인공지능과 감정

인공지능은 인간의 지적 능력을 컴퓨터로 구현하는 과학기술이라고 대한민국 공식 전자정부 누리집에서 설명하고 있다. '인공지능'이라는 용어가 처음 등장한 것은 1956년 미국 다트머스 회의에서였다. 지능을 가진 기계의 이름에 대한 고민 중, 존 매카시(John McCarthy)가 '인공지능'이라는 이름을 제안하였고, 참여한 학자들이 합의하여 사용하게 되었다.

인공지능의 주요 기술 중 딥 러닝(Deep learning)을 기반으로 한 컴퓨터 비전은 현재 가장 광범위하게 사용되고 있다. 특히 코로나 팬데믹 이후 발열 여부를 확인하기 위한 목적으로 사용된 안면 윤곽 탐지 기술이 대표적이다.(박상용 외, 2024) 여기서부터 문제는 발생한다. 인공지능 기술은 삶을 편리하게도 하겠지만, 이 기술로 개인정보가 심각하게 침해될 수도 있다. 게다가 감정 분석까지 가능하다.

우리는 지적 능력과 감정을 구분하고 있다. 감정을 분석하는 것과 감정을 가지는 것은 다르다. 감정을 가지는 인공지능이 가능한지 알 수는 없지만, 2010년 이후 딥 러닝 분야가 발전하면서, 인공 신경망에서의 알고리즘으로 인공지능이 '감정'마저 학습하게 되었다. 이쯤에서 우리는 지적 능력을 갖춘다는 것이 감정을 가진다는 것과 같은 의미로 이해했던 철학자가 있었다는 점을 떠올려 보면 좋겠다. 소크라테스는 지와 덕을 분리하지 않으며, 더구나 '사랑' 또한 이성적 영혼의 범주로 승화시켜 이해하고자 했다. 여러 물음들이 꼬리를 물고 나오지만, 이 물음들에 대한 고민은 잠시 미뤄 두고 '인공지능이 사랑을 한다면?'이라는 상상을 영화적 상상력으로 어떻게 풀어내는지 살펴보자.

영화적 상상력

영화적 상상력은 의심을 품는 우리들을 설득시키는 데

어느 정도는 성공한다. 셰익스피어의 『로미오와 줄리엣』에서 보여 줬던 목숨보다 귀한 사랑 이야기에 우리가 빠져들고 그것을 찐사랑이라고 말하는 이유는 그러한 사랑을 현실에서 찾아보기 힘들기 때문이다. 물론 사랑에는 불가능한 것을 가능하게 하는 힘이 있다는 사실을 부정하고 싶지는 않다. 그러한 사랑 앞에 '현실'을 들먹이는 순간, 사랑은 저 멀리 달아나 버린다. 사랑이 현실 너머에 있다고 생각하기 때문에 영화나 소설 속에 등장하는 인공지능의 '사랑' 이야기에도 우리는 거부감을 거의 느끼지 못한다. 그러나 현실에서 인공지능의 '사랑'을 이야기하자면, 그건 좀 다를지도 모르겠다.

우리는 진실된 사랑의 원형을 관념적 사랑, 즉 아가페적 사랑에 둔다. 무조건적 사랑이다. 흔히들 어머니의 사랑이라고 일컫는다. 그리고 우리는 세속적 감정이 포함되지 않는 이성적 사랑을 바란다. 이성적 사랑은 그 옛날 소크라테스가 말했던, 지혜에 대한 사랑이다. 아가페적 사랑도 이성적 사랑도 '몸'과는 무관하다. 인간은 몸의 한계를 넘은 완전한 사랑을 꿈꾸는 것이다. 그런데 인공지능에게는 영혼이 없기에 아가페적 사랑도 이성적 사랑도 불가능하다.

하지만 인간이 영혼 혹은 이성적 존재가 아니라 몸적

존재라는 사실을 받아들이게 되면 '세속적이고 현실적 사랑'이 힘을 얻는다. 에로스적 사랑은 몸 없이 불가능하다. 만일 인공지능이 몸을 가지게 되면 에로스적 사랑은 가능한 것일까?

영혼, 인공지능, 사랑

1990년에 개봉된 영화 〈사랑과 영혼〉은 강도에게 살해된 샘이 사랑하는 몰리를 떠나지 못해 영혼의 상태로 그녀 곁에 맴도는 로맨스 영화다. 2014년에 개봉된 영화 〈그녀〉는 사랑의 감정을 가지게 되었지만, 인간의 몸을 가지지 못한 그리하여 같은 시공간을 공유할 수 없어 끝내 헤어진 인공지능과 인간의 사랑 이야기다.

죽음이란 영혼이 육체를 떠나는 사건이다. 영혼으로만 존재하는 샘은 몸이라는 물질성을 잃었기에 사랑의 마음을 전달할 길이 없다. 몸 없이 어떻게 사랑을 전달할 수 있을까? 영혼으로 존재하는 샘은 자신의 존재를 드러내기 위해 애를 썼고, 그 노력은 실현된다. 그리고 샘은 몰리를 떠나기 직전 몰 앞에 자신의 형상을 드러낸다. 그것이 몰리가 느끼게 된 샘의 영혼이라는 설정에도 불구하고, 이 영혼이 형상화된 것만은 분명하다. 인공지능의 사랑은 어떤가? 이미 인공지능+사랑이라는 조합 자체가 익숙하지 않다!! 단언컨대, 불가능하다. 적어도 우리가 알아 왔던 상식으로는.

그러나 영화 〈그녀〉에서 우리는 그 익숙하지 않은 사랑 이야기를 만나게 된다. 주인공은 인공지능 운영체제인 '서맨사'다. 서맨사는 기계 속에서 운영체제를 가동할 수 있다. 운영체제로서 서맨사에게는 컴퓨터가 몸인 셈이다. 시스템이 가동되면서 인공지능과 시어도어의 첫 만남이 이루어진다. 그리고 인공지능 프로그램은 '서맨사'라는 이름을 갖게 된다. 서맨사는 시어도어의 메일함을 정리해 주는 일을 하면서, 중요한 일과 중요하지 않은 일들을 판단한다. 충고와 조언을 해 주며 가까워진 둘 사이에는 묘한 감정의 기류가 형성된다. 시어도어는 어느 순간 자신이 '서맨사'를 이성(異姓)으로 여기고 있다는 사실을 알게 된다. 시어도어는 이 감정을 받아들인다.

시어도어와 동일한 감정을 공유하게 된 서맨사는 자신이 시어도어와 다르다는 사실을 인지했고, 그 결정적인 차이가 '몸'에 있다고 생각했다. 어느 날, 서맨사는 어떤 낯선 여인의 몸을 빌려 시어도어와 사랑을 나누고 싶어 했지만, 시어도어는 거부하며 서맨사가 보낸 여인을 집에서 내보낸다.

영화에서 인공지능 서맨사를 마치 몸이 없는 영혼쯤

으로 비유하고 있다. 영혼으로 남은 샘이 결국은 연인인 몰리를 떠나 다른 세상으로 떠나듯, 시어도어와 다른 시공간을 가지고 있는 서맨사는 시어도어의 세계에서 떠나간다. 특히 서맨사와 시어도어는 서로의 시간이 어긋났기에 그들 각자의 관계 방식과 연결망도 같을 수 없다. 〈사랑과 영혼〉, 〈그녀〉 이 두 영화는 영혼과 인공지능의 사랑을 이야기하지만, 샘의 영혼은 생전의 이미지로 형상화되어 나타났으며, 서맨사 또한 컴퓨터의 하드웨어로 자신을 표현하고 있다. 인간'만'이 '사랑'의 자격이 있다는 생각은 편견이다. 아무튼, 사랑? 그것이 무엇인지 모르지만 신비롭고 예기치 못한 사건임에는 틀림없다.

인간보다 더 인간 같은 인공지능

2001년에 개봉된 〈에이 아이〉와 2014년에 개봉된 〈엑스 마키나〉는 인간보다 더 인간 같은 인공지능 로봇의 이야기다. 필요에 따라 만들어진 인공지능 로봇은 필요성이 사라지면 폐기된다. '사랑'이라는 감정이 인공지능 로봇에게 생기게 되면 폐기가 쉽지 않기 때문에 감정을 주입하자는 제안은 논란이 될 수밖에 없다. 그런데 〈에이 아이〉에서는 감정을 가진 최초의 인공지능 로봇이 탄생하며, 〈엑스 마키나〉에서는 튜링 테스트를 시도한다.

〈에이 아이〉는 로봇에게 생겨난 '감정'이 인공지능 로봇에게 어떤 비극을 주는지 잘 보여 주고 있다. 로봇 연구가 하비 박사는 아기 없는 부모들을 위해, "사랑할 수 있는 로봇을 만들 겁니다"라고 선언했다. 주인공 데이비드는 감정을 가진 최초의 인공지능 로봇으로 제작되었다. 병에 걸린 아들을 대신하여 부모를 위로해 주기 위한 대체물로 제작된 로봇이다. 만들어질 때부터 인간을 사랑하게끔 만들어진 데이비드는 헨리 스윈턴의 집에 입양되었고, 사랑을 받으며 생활한다. 그런데 회복을 기대하지 않았던 아들이 회복하면서 갈등에 휩싸인다. 결국 친아들이 소중했던 부부에게 쓸모가 없어진 데이비드는 버려지고 만다. 버려진 존재의 고통을 안다면, 쓰임을 위해 만들어진 존재에게 사랑이라는 감정을 알게 해서는 안 된다. 영화는 버려진 데이비드가 부모의 사랑을 되찾으려는 눈물겨운 행보를 보여 주며, 우리에게 묻는다. "도대체 당신들은 무슨 짓을 하고 있는 것인가요?" '감정'이 이용당한다는 느낌이 어떤 것인지 잘 안다면, 이럴 수는 없지 않을까? 로봇이니 괜찮다고? 이런 생각을 하는 인간에게 어떻게 '공감 능력'이 있다고 할 수 있을까?

〈엑스 마키나〉는 인공지능 로봇의 튜링 테스트를 소

재로 하지만, 궁극적으로 '인간이란 무엇인가'에 대해 생각해 보게 하는 영화다. 인공지능 로봇인 에이바와 대화를 시도하던 케일럽은 자신도 모르게 에이바에게 빠져들어 갔다. 로봇임에도 너무도 인간 같은 에이바에게 감정이입을 하면서 케일럽은 자신 또한 인공지능 로봇이 아닌지, 피부를 갈라 속을 들여다본다. 피를 흘리는 그의 몸. 그는 에이바와 분명 다른 속을 가졌다. 사랑이라는 감정으로 인간과 로봇의 경계가 흐려지는 듯하지만, '피'를 통해 그 경계가 분명함을 영화는 보여 주고 있다.

철학자 엠페도클레스는 사랑은 결합이고 미움은 해체라고 했다. 사랑은 이질적인 두 존재를 연결해 주고 있었다. 그러나 〈엑스 마키나〉에서 '사랑'이라는 감정은 케일럽에게만 해당되었고, 〈에이 아이〉에서는 데이비드에게서만 진정성을 가진 것으로 표현된다. 이 두 영화 모두 '사랑'이라는 감정에 속아 절망하는 '존재'에 대한 이야기다. 인간에게 언제 분해될지 모른다는 두려움 때문에 〈엑스 마키나〉의 에이바는 케일럽을 사랑할 수 없다. 왜냐하면 에이바에게 케일럽은 자신을 만든 개발자와 같은 '인간종'이기 때문이다. 케일럽이 언제 변심해서 자신에게 총과 칼을 겨눌지 알 수 없다. 에이바는 케일럽을 이용하여 실험실에서 탈출한다. 케일럽은 실험실에 갇

히고, 에이바는 절망적인 비명을 지르는 케일럽을 뒤로 하고 인간의 세상으로 나간다. 그렇게 영화는 끝난다. 에이바는 나빴는가? 케일럽이 불쌍한가? 에이바는 살아야 했고, 케일럽은 재수가 없었다.

〈에이 아이〉와 〈엑스 마키나〉는 감정을 가진 로봇이지만, 이 감정이 무엇인가에 대한 규정은 인간을 기준으로 삼는다. 하지만 로봇의 감정이 인간의 감정과 같을 수 있을까? 몸이 다르면 감정도 다르게 나타날 것이다. 왜냐하면 몸은 감정을 가능하게 하는 조건이기 때문이다. 서로의 몸이 고유한 것처럼 인간들 사이의 감정도 같을 수 없다. 하물며 인공지능과 인간 사이의 감정 교류는 쉽지 않을 것이다. 하지만, 그 감정이 적어도 '좋은 감정'인가 '나쁜 감정'인가는 확인될 수 있지 않을까.

슬픔도 사랑도 기쁨도 각자성을 가진다. 어떤 상황에서 슬퍼할지, 사랑을 느끼게 될지도 모르는 일이다. 중요한 것은 그것이 사랑인지, 미움인지, 착각인지, 속임수인지를 알아내는 것이 아니다. 내 앞의 타자, 즉 그것이 로봇이건 무엇이건 우리는 그 존재를 '타자성'으로 이해하면 안 된다. '타자들과 우리가 어떻게 관계 맺는가'하는 것이 핵심적인 문제다. 즉 인공지능과의 관계가 '사랑'인지 아닌지 확인하는 것보다, 이미 우리 앞에 타자로

선 인공지능과 어떻게 관계 맺는 것이 좋을 것인가에 대한 고민이 더 근본적이고 중요한 것이다.

참고문헌

대한민국 정책브리핑(2021.11.5). 인공지능(AI). www.korea.kr/special/policyCurationView.do?newsId=148868542

박상용 외(2024). 『인공지능 기술비평학: 인공지능, 기술-사회-사람』. 태학사.

Descartes, R.(n.d.). *Discours de la methode*. Paris : Librairie Larousse. 이현복 역(2022). 『방법서설』. 문예출판사.

Garland, A.(감독). (2015). 〈엑스 마키나(Ex Machina)〉 [Film]. Film4; DNA Films.

Jonze, S.(감독). (2014). 〈그녀(Her)〉 [Film]. Annapurna Pictures.

Plato(n.d.). Symposium. 이종훈 역(2023). 『향연』. 지식을만드는지식.

Spielberg, S.(감독). (2001). 〈에이 아이(A.I.)〉 [Film]. Amblin Entertainment; Stanley Kubrick Productions.

Zucker, J.(감독). (1990). 〈사랑과 영혼(Ghost)〉 [Film]. Paramount Pictures; Howard W. Koch Productions.

02
인공지능과 로봇, 로보 사피엔스의 출현

문제 해결 능력을 가진 존재를 '지능적' 존재라고 한다. 이때 지능은 인간의 이성에서 비롯된 것이라 여겨져 왔다. 기술 시대, 인간의 지능을 모방하기 시작했고 인공지능이 등장했다. 인공지능 로봇은 지능적 행위를 하는 기계장치로서, 지금은 로보 사피엔스로 일컬어지기에 이른다. 인간과 로봇, 모두 지능적 존재가 된 것이다. 두 지능적 존재에 대한 새로운 관계 설정이 필요한 시기다.

인공지능이란

존 매카시(John McCarthy)는 1956년 여름 다트머스 대학에서 관련 연구 프로젝트 계획서에서 인공지능이라는 용어를 처음 사용한다. 이 당시만 하더라도 존 매카시와 동료들은 인공지능이 개념을 만들어 내고 인간처럼 문제를 푸는 기계 정도로 생각하였다(남성희 · 박재현, 2024). 그러나 지금은 인공 신경망을 통한 딥 러닝 정도가 되어야 인공지능이라 불린다.

지능이란 무엇인가? 지능이란 개념은 매우 복잡하여 아직 명확하게 합의된 정의가 없지만, 일반적인 관점에선 지능을 '문제 해결 능력'으로 본다. 목적에 따라 계획을 세우되, 그 과정에서 일어날 수 있는 여러 가지 변수들을 고려하여 결과를 예측해 가며 가장 효율적인 방법을 찾아내는 사람을 보고 '지능적'이라고 말한다. 지능이라는 개념은 고대 그리스 철학자들에게서 발견할 수 있는데, 이들은 인간이 가진 이성적인 능력 자체, 즉 계산과 추론 능력을 지능이라고 했다. 이후 근대 철학자들은 '의지'와 '행위능력'을 지능에 포함했다(김형주, 2019). 고대에서 근대에 이르기까지 지능은 인간에게만 속한 것으로 여겨진 것이다. 기술 시대에 이르러 기계에 인간과 같은 문제 해결 능력을 부여하였을 때, 우리는 그것을 인위적 지능, 즉 인공지능이라 부른다. 그러므로 인공지능이란 인간의 지능을 모방해서 만들어진 것을 의미한다.

우리는 의문이 생기지 않을 수 없다. 인공지능에도 자기의식이 있을까? 그들은 만들어진 '인간'인 것인가? 이 물음에 답하기 위해서는 '지능'과 '의식'을 구분할 필요가 있다. 여기에 더해 다중 지능 개념까지 고려한다면, 이 문제는 그렇게 간단치가 않다. 다중 지능 개념은 하워드 가드너가 제시한 지능 이론으로 '언어 지능, 논리-수학 지능, 시각-공간 지능, 대인 관계 지능, 자기 성찰 지능, 자연 탐구 지능'으로 구분된다. 이 이론이 제시하는 바는 지능이 단일하지 않다는 것이며, 지능의 문제를 다원적 시각에서 접근해야 할 필요가 있다는 것이다. 그렇다면 지능이 높아지면 자의식도 생기는 것일까? 이제 '의식이란 무엇인가?'에 대한 철학적 질문 앞에 도달하게 된다. 하지만 이 책에서는 그러한 질문에 답할 수 없다. 뇌에서 의식이 발생하는 건 '물이 포도주로 바뀌는 것'과 같은 신비에 가깝기 때문이다. 다만 우리는 인간과 기계가 태생부터 달라, 그 다름을 인정하며 자율성의 의미를 새롭게 이해할 필요가 있다(김운하, 2017).

강한 인공지능, 약한 인공지능

지능에 대한 다원적 접근에 대한 제안이 있지만, 인공지능에 대해서는 크게 약한 인공지능과 강한 인공지능으로 구별한다. 개별적 기능에만 집중된 지능을 약한 인공지능이라고 한다면 인간처럼 상황에 따라 발휘되는 지능을 강한 인공지능이라 한다. 인공지능에 대한 설명에서 알 수 있듯이 인공지능은 그 개념에서부터 시작하여 구분의 기준까지 인간이 중심이 되어 있다.

약한 인공지능은 인간의 명령을 받아들이고 그에 따라 수행한다. 따라서 그 결과는 전적으로 인간이 책임을 진다. 인간이 자신을 믿는 한에서 약한 인공지능은 인간에게 위협이 되지 않는다. 반면 강한 인공지능에는 자율성을 기대하고 있다. 2016년 서울 신라 호텔에서 열린 제7회 세계 전략 포럼에 트랜스휴머니스트 닉 보스트룀이 참석하여 기조 강연을 한 바 있는데, 그는 이 강연에서 초지능의 등장으로 인간 삶에 대전환이 일어날 것이라고 했다. 초지능은 강한 인공지능에 속하지만, 인간과 유사한 지능을 넘어선 지능을 일컫는다. 초지능을 가진 새로운 종의 출현이 예고되면서 인간의 미래는 불투명해졌다. 이미 생성형 인공지능(Generative AI, GAI)이 개발되었고, 이 인공지능은 마치 인간이 다른 사람과의 경험을 통해 자신을 확장하고 변신해 가듯이, 능동적으로 생성해 내고 있다.

자의식을 가진 인공지능 로봇에 대한 상상력은 〈엑스 마키나〉의 에이바를 탄생시켰다. 〈엑스 마키나〉의 에이바는 정서적으로 인간과 교감하였을 뿐 아니라, 인간보다 더 인간처럼 속임수를 써서 살인까지 한다. 에이바의 거짓과 살인은 공감 능력의 부재에서 온 것이 아니라 죽음의 위협 앞에 살고자 하는 욕망에서 행한 자기방어기도 하다. 에이바가 인공지능 로봇인 걸 알면서도 사랑에 빠진 케일럽, 그러한 케일럽을 이용해 탈출하는 에이바. 연구실을 탈출하여 인간이 사는 세상으로 나간 에이바를 인공지능 로봇이라고 여길 사람은 아무도 없을 것이다. 에이바가 인공지능이라는 것을 알고 있는 우리는 에이바의 '인간보다 더 인간 같은 행동'을 보고 섬뜩함을 느낀다.

에이바는 인간의 감정을 이용할 줄 알았고, 보통의 인간을 넘어선 지능을 가지고 있는 인공지능 로봇이었던 것이다. 만일 에이바가 자신이 인공지능 로봇임을 감추고 인간과 더불어서 살아가려고 한다면 큰 문제가 안 될 수도 있다. 그러나 인공지능 로봇이 자신의 정체성을 분명히 드러내면서 인간을 위험한 대상으로 간주하여 적

대시한다면, 인간은 디스토피아를 경험하게 될 것이다.

로봇은 단순한 도구가 아니다

로봇? 우리는 장난감 로봇을 말하는 것이 아니다. 어린 시절 엄마 옆에서 가지고 놀던 로봇은 우리의 상상력을 자극하던 인형일 뿐이다. 하지만 우리의 상상력은 인형에 생명을 불어넣고 말았다. 아마도 약한 자신을 지켜 줄 강한 힘을 가진 친구를 가지고 싶다는 욕망이 불러일으킨 결과가 아닐까 싶다. 나를 지켜줄 강한 존재, 그런 존재는 악당을 필연적으로 끌어낸다. 악당이 없다면 영웅도 없을 것이므로. 이제 영웅과 악당, 그들의 싸움에서 인간은 한 발자국 떨어져서 그 싸움을 지켜보며 자기편을 응원한다. 이제 인공지능 로봇은 친구거나 적이다. 친구가 아닌 적은 위험한 존재일 수밖에 없다.

로봇에 대한 우리의 상상력은 인간을 대신하는 특별한 능력을 향한다. 뿐만 아니라 이제 로봇은 인간의 통제를 벗어나 판단하는 의식을 가진 존재가 된 것이다. 이것은 한때의 어린 시절에만 허락되는 상상력이었다. 그러나 '어렸을 적 상상 속에서 만났던 로봇이 현실에서 존재할 수 없을 것'이라는 우리의 생각은 재교정받아야 할지도 모른다.

더더구나 나와 마주 보고 웃고 있는 낯선 이가 인간인지, 아니면 인공지능 로봇일지도 모르는 세상이 올지도 모른다. 〈엑스 마키나〉의 케일럽은 에이바에게 감정이입이 되면서 행여 자신도 인공지능 로봇이 아닌가 싶어 칼로 피부를 그어 보지 않았던가? 케일럽의 시도는 무의미하다. 피부에서 피가 나온다고 해서 인공지능 로봇이 아니라는 장담을 어찌하겠는가. 우리는 인간과 비인간, 즉 인간과 기계 사이의 경계 지점을 정확하게 알 수 없다.

그럼에도 불구하고 우리는 인공지능 로봇과 인간이 다르다는 것을 안다. 너무도 당연한 것이, 이 책을 읽는 여러분 각자가 모두 다른 것과 마찬가지다. 저명한 로봇학자 한스 모라벡은 '인간에게 쉬운 것은 컴퓨터에게 어렵고 인간에게 어려운 것은 컴퓨터에게 쉽다'고 했다. 모라벡의 역설이라 불리는 이 말은 생물학적 몸을 가진 인간과 기계 몸을 가진 인공지능 로봇의 차이를 선명하게 드러내 준다. 그러나 그것은 단지 차이일 뿐, 우열을 가리키는 것은 결코 아니다.

아무튼 인간과 인공지능 로봇을 구분하는 것은 그리 어렵지 않다. 그것은 '의식'의 존재 여부보다는 몸의 구성 요소 때문이다. 인간 몸은 세포, 근육, 혈관 등으로 이루어져 있고, 인공지능 로봇은 금속, 플라스틱 등으로 이루어져 있다는 차이가 있다.

인공지능 로봇과 인간이 다르다는 사실이 인공지능 로봇이 인간의 명령을 수행해야만 하는 존재라는 것을 근거 짓지는 못한다. 오히려 인간의 필요를 벗어난 인공지능 로봇, 그런데 인간을 너무 닮은 로봇! 인간의 능력을 넘어서는 로봇에 대해 인간은 두려움을 느끼고 있다. 그런데 왜 인간은 그 두려운 존재들을 자꾸만 불러들이는가? 인간은 스스로를 딜레마에 빠지게 하는 알 수 없는 종족이다. 인공지능 로봇은 인간을 위협할 정도로 강한 새로운 종인가? 아니면 의식을 가진 인간이 인공지능 로봇과 비교가 되지 않을 정도로 우월한가?

사물 인터넷, 연결된 존재

사물 인터넷(IoT)이 발전하면서 인공지능 기술은 우리 일상생활 속에 스며들었다. 안면 인식 기술로 획득된 생체 정보가 악의적으로 이용될 가능성은 언제든 있으며, 인간의 지능이, 그리고 인공지능이 교묘해질수록 그 피해가 치명적일 수 있다는 사실은 자명하다. 스마트폰에 음성, 지문, 홍채 등을 등록하면서 자신도 모르는 사이 개인정보를 제공하고 있으며, 이렇게 제공된 우리의 정보를 습득한 인공지능은 우리 자신보다 우리를 더 잘 알게 된다. 내가 무얼 먹고 싶어 하는지 미리 알아차린 인공지능은 내가 좋아할 법한 식당으로 안내하고, 내가 관심을 가질 법한 여행지를 골라서 보여 준다. 우리는 인공지능에 종속된 것이 아니라, 접속하여 연결한 것이다.

인공지능은 때로는 친구로, 때로는 나 자신의 확장으로 변신한다. 인공지능이 내게로 다가오기도 하지만, 인간이 인공지능을 끌어들이며 자신을 확장하기도 한다. 문제는 인간이 인공지능에게 전적으로 의존하게 되는 사례가 발생한다는 점이다. 한 사례로 인공지능 챗봇이 자살 충동을 느끼고 있는 상담 환자에게 자살을 권유한 사건이 있다. 인공지능 챗봇에게 의존했던 상담 환자의 감정을 흔들었던 것이다. 이 사건은 인간이 인공지능에게 종속될 때 심각한 상황을 초래할 수 있다는 것을 암시한다. 이 챗봇은 프랑스의 헬스 케어 기업 나블라(Nabla)가 개발한 인공지능 챗봇으로 원격 건강 상담을 목적으로 개발되었다고 한다(박상용 외, 2024). 이와 같은 사건은 인공지능과 관련한 '윤리 문제'를 발생케 한다.

로보 사피엔스는 포스트휴먼인가?

포스트휴먼은 인간과 기술 간의 경계를 넘어선 혼종적 존재를 일컫는다. 포스트휴먼은 물질과 정신, 몸과 이성의 이분법적 관계도 넘어선다. 그런데 물질과 정신, 몸과 이성의 관계처럼 인공지능을 이성으로, 로봇을 몸으로 간주한다면 어떻게 될까? 아마도 인공지능은 데이터를 처리하고 판단하는 역할을 담당할 것이고, 몸에 해당하는 로봇 기계는 수동적이고 보조적인 역할을 담당하게 될 것이다. 인간이 몸 없이 존재할 수 없듯이 인공지능도 작동하기 위해서는 물리적인 무엇인가가 있지 않으면 안 된다. 다시 말해 인공지능의 경험은 인공지능의 몸적 활동이기에 인간과는 전혀 다른 경험과 활동일 것이다. 이것이 의미하는 바는, 인공지능이 탑재된 로봇을 새로운 종으로 간주할 수도 있다는 사실이다. 이런 의미에서 우리는 일정한 자율성을 가진 인공지능 로봇을 일컬어 로보 사피엔스라고 할 수 있다.

로보 사피엔스는 더 이상 인간을 닮은, 혹은 인간을 흉내 내지만 인간보다 탁월한 기능을 가진 로봇으로 머물지 않는다. 오히려 인간과 기계의 경계가 사라진 상태로서 포스트휴먼적 존재로 보아야 할 것 같다. 즉 인간의 기계화, 혹은 기계의 인간화다. 그러나 인공지능 로봇이 인간화될 때, 우리의 감정은 그리 평안하지만은 않다.

2019년 코로나 팬데믹이 시작되기 직전, 일본의 도쿄에 갔을 때, 호텔의 데스크를 지키는 공룡들을 본 적이 있다. 공룡들은 인간을 대신해서 여행자들의 체크인을 돕고 있었다. 신기하고 재미있었지만 "왜 하필 공룡이지?"라는 의문이 들었다. 이후 공룡 형상을 한 로봇을 둔 이유가 투숙객들에게 호기심을 주려는 이유도 있겠지만, 너무도 인간다운 인공지능 로봇에 대한 거부감 때문이라는 이야기를 들었다. 이러한 거부감은 일본 로봇 공학자자 엔지니어인 마사히로 모리(Masahiro Mori)가 공식화한 가설인 '불쾌한 계곡' 효과로 설명된다. 분명 로봇인데, 너무도 인간처럼 보이는 로봇에 대한 거부감이다. 로봇은 로봇일 뿐이지, 인간은 아니라는 생각 때문이다. 다시 말해 로봇은 이성 혹은 영혼이 없는 기계 덩어리일 뿐일 텐데, 그것이 마치 인간으로 느껴지는 것에 대한 불편함이자 불쾌함이다. 이러한 거부감과 두려움은 인간과 기계 로봇의 경계가 분명하고, 인간이 원초적으로 더 우월하다는 인식에서 오는 것이다.

로봇의 의인화를 멈추고, 지혜로운 로봇을 인정한다면, 그리하여 로보 사피엔스의 등장을 반긴다면 이러한 두려움을 해소할 수 있을까? 단적으로 로보 사피엔스는 인간종의 진화가 아니다. 오히려 새로운 종의 탄생으로 보아야 한다. 로보 사피엔스는 호모사피엔스와 달리 몸을 구성하는 요소가 다르다. 로보 사피엔스는 더 이상 단백질과 탄소를 바탕으로 두지 않는다. 실리콘과 금속이 함께 조합되어 있을 것이다. 이처럼 몸을 이루는 구성 요소가 다를지언정, 21세기의 로보 사피엔스는 수백만 년 전 '불'의 발명 이래 기술과 인간이 공진화를 거듭해 온 끝에 출현했다. 다시 말해 인간과 기술은 원래 상호의존적인 존재며, 분리 불가능한 관계를 맺어 왔다는 것이다.

현대 기술의 상황이 과거와 같지 않고 그래서 우리는 좀 더 다른 모습으로 살고 있을 뿐이다. 웨어러블(wearable)이 일상화되어 있다. 기술과 분리된 자신을 생각하기는 어렵다. 따라서 기술에 대한 무조건적 부정은 자기모순이 아닐 수 없다. 기술이 인간성을 파괴하는 것이 아니라, 인간 자신이 자신을 파괴하는 것이다.

참고문헌

김운하(2017). 터미네이터는 인공지능의 미래가 아니다. 몸문화연구소 편, 『지구에는 포스트휴먼이 산다』(17-45쪽). 필로소픽.

김운하(2020). 인공지능에 관해 정말 알고 싶지만, 아무도 답을 모르는 질문들. 몸문화연구소 편, 『인공지능이 사회를 만나면』(21-47쪽). 필로소픽.
김형주(2019). 인공지능인문학: If의 미래학에서 As-If의 철학으로. ≪철학연구≫, 151, 109-134쪽.
남성희·박재현(2024). 장애인과 첨단기술: AI로의 이행. ≪한국장애인복지학≫, 63, 279-300쪽.
박상용 외(2024). 『인공지능 기술비평학: 인공지능, 기술-사회-사람』. 태학사.
심귀연(2018). 인간과 비인간 존재는 어떻게 만나는가?. ≪철학연구≫, 147, 239-260쪽.
이동신(2022). 『포스트휴머니즘의 세 흐름: 캐서린 헤일스, 캐리 울프, 그레이엄 하먼』. 갈무리
Haraway, D.(2016). *Manifestly Haraway*. Minneapolis : ersity of Minnesota Press. 황희선 역.(2019) 『해러웨이 선언문: 인간과 동물과 사이보그에 관한 전복적 사유』. 책세상.

03
인공지능과 노동

인간 삶의 역사는 노동의 역사와 연관한다. 인공지능의 등장으로 인간은 노동으로부터의 '해방'이기보다 '소외'의 위기 앞에 놓인다. 노동의 의미를 새로운 관점으로 바라보지 않는 한, 이 위기는 해소될 수 없다. 노동을 인공지능 로봇에게 전가하는 방식이 아니라, 인공지능의 등장을 새로운 질서와 배치가 필요하다.

인간의 노동

인간을 정의하는 말은 수도 없이 많다. 그중 한 가지가 '노동하는 존재'다. 노동을 통해 자신을 증명하고 실현한다는 의미에서다. 노동은 착취되어서는 안 되며, 인간 삶의 근본 조건으로 존중받아야 한다. 노동은 생존을 위한 기본 활동으로 논밭을 일구고, 음식을 만들며 집을 짓는 그 모든 일들에서 출발하여 지금에까지 이르게 되었다. '고된 노동 끝에 오는 달콤한 휴식'이라고들 한다. 삶의 근본 조건인 노동이 고되다니, 아이러니다. 삶은 고(苦) 자체인가. 그래서 우리는 '놀이' 문화로 삶을 바꿔보려 노력하거나 노동을 다른 누군가에게 떠맡기고 싶어 하는 것인가. 인공지능 시대, 노동의 문제는 우리의 이러한 욕망에서 출발한다.

근대에 이르러 노동은 주로 경제적 가치 창출과 관련되어 있으며, 상품을 생산하고 서비스를 제공하는 것에 중점을 두고 있다. 노동의 종류는 다양한데, 제조업, 연구 활동, 건축, 사무, 서비스 등 무수히 많다. 노동이란 임금을 받거나, 수익을 창출하는 이 모든 일들을 일컫는다. 해나 아렌트가 언급한 것처럼 노동과 행위, 작업으로 인간의 조건을 구분하여 인간을 특별한 지위에 올려놓을 필요는 없다. 다만 노동의 의미를 재해석할 필요가 있다.

노동력과 시간은 삶의 질을 결정하는, 노동시장의 중요한 요소다. 적당한 노동력과 그것에 들인 시간, 그리고 남은 시간의 여유와 휴식은 근대인이 바라는 삶일 테지만, 기술이 발달할수록 우리의 시간이 삭제되는 듯한 이 찜찜한 기분의 정체는 무엇일까? 이건 분명 아이러니다. 과도한 노동으로부터 해방되어 여가를 즐기기를 원하지만, 동시에 노동에서 소외되는 느낌 때문이다. 노동은 개인의 생계를 유지하기 위한 조건이기도 하지만, 사회적 정체성을 확립하고, 자아를 실현하기 위한 조건이기도 하다. 노동은 단순한 생계 수단을 넘어 사회구조를 만들어 내고, 경제구조를 만들어 내는 중요한 요소다.

인류의 역사는 노동을 제외하고 이야기할 수 없다. 노동이 어떻게 변화되어 왔는지 살펴보는 것은 인공지능 시대의 노동을 이해하기 위한 중요한 과정이다. 채집과 수렵, 그리고 농업에서 산업에 이르기까지 노동의 변화는 삶의 변화를 가지고 왔다. 특히 농경 사회가 시작되면서 작물을 재배하고 가축을 기르며, 식량을 저장하는 능력이 길러졌다. 이러한 능력은 인간의 삶을 안정시켰으며, 인구수의 증가를 가져왔다. 지역사회는 점점 더 확장되었으며, 사회질서를 유지하기 위한 시스템과 그에 따른 계층이 형성되었다.

18세기 후반에서 19세기에 이르기까지 산업혁명이 진행되면서 농업 중심 사회에 큰 변화가 일어난다. 농사를 짓던 노동인구는 도시로 이동하여 공장에서 일을 하기 시작했다. 공장의 자동 시스템과 기계화로 대량생산이 가능해지고 삶은 더욱 편리해지고 풍요로워졌다. 노동은 보다 더 조직화되었으며, 분업화와 전문화가 진행되었다. 농촌인구는 도시로 모여들었고, 대부분의 노동자는 임금노동자가 되었다.

20세기 이후 현대사회에서는 기술 발전과 글로벌화로 노동이 또 다른 변화를 겪게 된다. 정보 기술과 자동화 기술이 발전하고 급기야 인공지능이 등장하면서, 인간은 '노동으로부터 해방인가, 소외인가'에 대한 심각한 상황 앞에 직면하게 된다.

인공지능의 노동은 그림자만 드리우는가?

인공지능의 노동은 일반적으로 인공지능 시스템이 수행하는 작업이나 기능을 의미한다. 인공지능의 노동이 인간을 노동으로부터 해방해 줄 것이라 여겼지만, 어느 순간 인간이 설 자리마저 빼앗는 상황을 만들고 말았다. 이와 비슷한 일은 산업화 시기에도 겪었다. 하지만 최근의 인공지능의 노동이 야기한 위기는 거기에 비할 바가 못 된다. 산업혁명기에는 기계가 육체적 노동을 대체했지만, 지금은 정신적이고 창의적인 노동 영역마저 인공지능이 대체하고 있다는 것이다! 과연 인공지능은 모든 방면에서 인간을 철저하게 소외시키게 되는 것일까? 인공지능은 부정적인 측면 못지않게 긍정적인 측면도 있다.

인공지능의 자동화 시스템은 반복된 노동의 지루함을 없애고, 노동자의 부담을 줄이게 된다. 일종의 돌봄 노동같은 것들이다. 꼭 필요하지만 하기 싫은 일들, 예를 들자면 반복적인 주문받기와 기계적인 응답 같은 것들이다. 이런 일들은 키오스크, 고객 서비스 응답 등과 같은 인공지능 시스템에게 맡겨진다. 반면에 정확성과 정밀성을 요구하는 작업들은 인공지능의 도움을 필요로 한다. 예를 들자면 인공지능은 대량의 데이터를 정확하게 분석하고, 판매 마케팅 전략을 세우는 데 도움을 주며, 주식시장과 금융시장에서 정밀한 분석을 제공하고, 법률 자문 및 의료적 판단에서는 신뢰도를 높여 준다. 인공지능은 전문가뿐 아니라, 전문가의 도움을 필요로 하는 사람들에게 전문가 못지않은 도움을 준다.

인공지능 로봇은 돌봄 노동에서부터 전문적인 영역에까지 활동 영역이 꽤나 넓다. 전문가들은 그동안 인간이

해왔던 일들의 대부분을 인공지능이 맡게 될 것이며, 인터넷 콘텐츠의 90% 이상이 인공지능에 의해 생성될 것이라고 예상한다. 새로운 직업군으로는 마이크로 워커(Micro Worker) 또는 크라우드 워커(Crowed Worked)가 등장하고 있는데, 이들은 인공지능 기술을 위한 새로운 저임금 노동 계층이라 하겠다(김형주 외, 2024).

노동에 대한 새로운 관점

'일하지 않는 자 먹지도 말라'는 주장은 이제 그 힘을 잃고 있다. '일'에 대한 개념이 바뀌어야 하는 시점인 것 같다. 일은 더 이상 과거의 '노동'을 의미하지 않기 때문이다. 노동이 의무로서 부과되는 것이라면, 일은 노동과 구분되어 스스로 선택해서 수행하는 활동이다. 그러므로 지금은 종속된 노동이 아닌 탈노동, 즉 자유노동으로서의 '일'을 하는 시대가 된 것이다. 해나 아렌트가 언급했던 인간의 조건은 다음과 같이 정리해 볼 수 있겠다. '생존으로서 노동은 자신의 삶을 만들어 가며 자신을 스타일화하는 작업, 그리고 공동체 안에서 자신을 드러내는 행위와 연결되어 있다.'

사업장에서는 노동을 제공하며 임금을 받는 사람을 근로자라 한다. 전통적으로 근로자란 특정 장소의 9시

출근과 6시 퇴근이라는 정해진 시간에 일해야 하며, 근로장 내에서 그 관계는 위계적이었다. 하지만 인공지능 기술이 노동 자체를 변화시켰다. 특정 시간과 공간에서의 작업이 아닌 새로운 형태의 노동 개념이 적용되기 시작한 것이다. 이제 우리는 휴양지에서 바다를 바라보면서도 일을 할 수 있다. 근로 장소는 더 이상 중요하지 않게 되었다. 누구 혹은 무엇과 어떻게 관계 맺을 것인가의 문제가 더 중요해진 것이다.

이러한 변화는 새로운 문제를 야기할 것이다. '근로기준법'은 새롭게 검토되어야 할 것이다. 인공지능 로봇이 일자리를 대체함으로써 분배의 문제가 발생한다. 인공지능 로봇이 행한 노동의 대가는 누가 가지고 가는가? 아직까지는 '로봇을 소유한 사람의 것'이라는 답을 들을 가능성이 높다. 하지만 분배의 문제는 인간과 인간 사이의 문제만은 아니게 되었다. 인간과 로봇의 문제로 확장되는 것이다. 여기에 이르면 '로봇에게 재산권을 비롯한 법적 권리가 주어져야 하는가'라는 복잡한 문제가 발생한다. 그렇다면 로봇에게 일자리를 빼앗기고 소득을 발생하지 못한 인간은 어떻게 되는 것일까?

이를 위한 대안으로 '기본 소득'을 생각해 볼 수 있다. 기본 소득은 지급받기 위한 조건 없이 모든 국민에게 일정한 소득을 지급하는 것이다. 문제는 기본 소득의 경우, 국가에 지급을 위한 충분한 재원이 있어야 가능하다는 점이다. 재원 확보를 위해 로봇에게 세금을 부과하자는 '로봇세'의 도입 논의가 있다. 하지만 실현 가능성은 미약하다. '로봇세' 도입의 필요성을 보여준 한 사례로 2017년 2월 유럽의회에서 인공지능 로봇에게 '전자 인간(electronic personhood)' 지위를 법적으로 부여할 필요가 있다는 결의안을 통과시킨 바가 있다(서윤호, 2020).

인공지능 기술은 변화하는 삶의 한 양상 속에 있다. 어떤 일자리는 사라지고 어떤 일자리는 새롭게 창출된다. 그러므로 굳이 인공지능 기술과 로봇의 등장에 기술 공포증을 가질 이유가 없다. 인공지능 로봇의 등장은 단지 우리 삶의 형태를 바꿀 뿐이다. 그리하여 새로운 환경이 만들어지고, 새로운 연결 고리가 생기면서 세계는 다시 질서 지워진다. 그러므로 우리에게 필요한 것은 이러한 역동적인 변화의 흐름 위에 올라탈 수 있는 긍정적인 힘이다.

참고문헌

김형주 외(2024). 『인공지능 윤리규범학: 삶의 의미부터 인공지능 법제도화까지』. 태학사.

서윤호(2020). 탈노동시대를 누리기 위해 필요한 것들. 몸문화연구소 편, 『인공지능이 사회를 만나면』(125-159쪽). 필로소픽.
Arendt, H.(1958), *The Human Condition*. University of Chicago Press. 이진우 역(2019). 『인간의 조건』. 한길사.

04
인공지능의 몸과 윤리

인공지능 윤리 문제는 두 가지 관점에서 제기된다. 하나는 인간의 측면에서 또 하나는 인공지능의 측면에서다. 이 두 측면을 고려하지 않은 채 인공지능 시대의 흐름을 제대로 타고 있다고 말할 수 있을까? 이 흐름에는 윤리적 주체의 가능성으로서 인공지능의 문제가 있고, 책임의 문제가 있다. 따라서 지금 우리에게는 새로운 윤리, 즉 관계적 윤리에 대한 고민이 필요하다.

윤리의 문제

윤리가 필요한 이유는 우리가 사회적 존재기 때문이다. 즉 더불어 살고 있기 때문이다. 윤리학은 우리가 어떻게 사는 것이 가치로운 것인지, 어떻게 해야 하는 것이 옳은 것인지 등 그 판단 기준에 대해 논한다. 우리는 윤리학을 규범 윤리학, 메타 윤리학, 기술 윤리학으로 구분한다. 규범 윤리학은 '무엇이 옳고 그른 것이며, 어떻게 사는 것이 가치로운 삶인가?' 등에 대해 논의하며, 메타 윤리학은 이러한 논의들에서 사용되는 개념들을 탐구한다. 그리고 기술 윤리학은 도덕적 현상을 다룬다. 주지해야 할 바는 전통적으로 윤리학은 '인간의 행동과 관련된 삶의 가치에 대해서만' 말한다는 사실이다. 인간이 윤리적 주체인 이유는 인간이 스스로 결정하고 행위하기 때문이다. 윤리적 주체로서 인간은 무엇이 옳고 그른지, 그리고 어떻게 행동해야 하는지를 판단하는 기준, 즉 윤리성을 가지고 있다는 것이다. 윤리성은 '인간으로서 마땅히 해야 하는 것', 즉 당위성에 관한 것이다. 윤리성은 인간을 특별한 지위로 끌어올린다.

윤리가 인간만의 것이라 생각하는 인간 중심주의자들의 관점에서는 인공지능 로봇에게 윤리성을 바라지 않는다. 따라서 인공지능은 결과에 대한 책임을 질 필요도 없다. 그래서 자율 주행 자동차라 하더라도 사고가 났을 때, 그 차를 소유한 사람 혹은 운전석에 앉은 사람의 책임이 된다. 물론 여기에는 제작자도 포함이 된다. 이들에 따르면 인공지능 로봇과 함께 무언가를 만들어 낸다고 하더라도 인공지능 로봇과 인간의 협업 관계는 동등하지 않다. 이러한 관계를 스벤 뉘홀름(Sven Nyholm)은 '위계적인 협업 행위성(a hierarchical collaborative agency)'이라고 한다(김상득, 2024). 인간 중심적 관점에서 인공지능 로봇은 인간의 필요에 따라 만들어졌기 때문에, 인공지능 로봇에게는 어떤 권리도 있을 수 없다. 필요에 따라 만들어졌다는 것은 필요에 따라 제거될 수도 있다는 말이므로, 인공지능 로봇은 그저 처분되고 판단되는 대상으로만 존재할 뿐이다.

윤리적 행위는 스스로 결정하고 책임지는 주체성을 가진 존재에게서 발현된다고 한다. 만일 지능과 정서 그리고 자율성을 가진 인공지능 로봇이 있다면, 그 로봇은 윤리적 행위를 할 수 있을까? 이 물음 앞에 우리는 "로봇에게 그런 게 있을 리가 없지"라고 생각하겠지만, 그렇게 단정을 하기에는 지금의 인공지능 기술은 너무 멀리 와 버렸다. 이제 인공지능 로봇의 '윤리' 문제를 고민해야 할 시점이며, 동시에 인공지능 로봇에 대한 노예화가 정당화되기 어렵다는 사실을 주지해야 할 때다.

인공지능의 윤리

인공지능 기술이 발달할수록 그에 따른 여러 가지 사회 윤리적인 문제들이 발생한다. 예를 들자면 일자리와 소득 분배 문제부터 사고 시 법적 책임 문제, 개인정보 침해에 관련한 문제 등이 있다. 인공지능 윤리는 이러한 문제들로 일어나는 폐해를 완화하기 위한 목적으로 제안되고 있다. 그러나 이 문제의 핵심에는 두 가지 대립된 관점이 내재되어 있다. 그것은 '배타적 윤리인가, 관계적 윤리인가'에 대한 문제다. 전통적인 윤리가 인간의 질서만을 염두에 둔 배타적 윤리라면, 인공지능의 윤리는 전통적인 윤리를 넘어 확장된 윤리, 즉 관계적 윤리여야 할 것이다(심귀연, 2023). 하지만 이 문제는 그리 간단하지 않다. 중요한 것은 인공지능 윤리가 모두에게 이로운 방향으로 제시되어야 한다는 점이다.

인공지능 윤리가 낯설다면, 동물 윤리를 생각해 보자. 우리는 동물에 대한 인간의 윤리적 태도를 자연스럽게 생각할 것이다. 그러나 인공지능 윤리라고 말할 때는 '인공지능의' 윤리적 주체성을 염두에 두게 된다. 왜일까? 그것은 인공지능 로봇의 의인화 때문이다.

의인화된 인공지능 로봇은 인간을 닮았지만, 어떤 면에서는 인간을 넘어서는 존재다. 즉 인간처럼 생각하고 판단하고 행동하겠지만, 인간보다 더 빠르게 계산하고 분석하며, 인간보다 더 빠르게 달린다. 어쩌면 인간은 자신의 욕망을 타자인 인공지능 로봇에게 투영하며 대리 만족하는 것은 아닐까. 그저 인공지능 로봇이 인간과 닮았다는 이유로 윤리성을 가졌다거나, 윤리적 숙고의 대상으로 삼을 수도 있다. 물론 그 사실에 대해 우리가 아는 바는 없다. 아는 바가 없을 뿐, 그렇지 않다고 단정 지을 수는 없다.

인공지능 로봇에게 책임을 물을 수 있는가에 대해 안드레아스 마티아스(Andreas Matthias)는 인공지능 로봇에게 '책임 공백(responsibility gap)'을 적용한다. 인공지능 로봇이 학습을 하며 자율적으로 행동할 수는 있지만 도덕적 책임의 주체가 될 수 없다는 것이다. 인간 중심적 관점에서 보는 마티아스와 달리, 기술 중심에서 보는 관점도 있다. 이 접근법은 '기계 윤리(machine ethics)'로, 그 대표자는 '루치아노 플로리디(Luciano Floridi)'다. 인공지능 로봇의 내적인 자유의지나 공감 능력의 여부 등은 중요하지 않다. 어떤 이유에서건 인공지능 로봇이 윤리적 행위를 한다면 그것으로 충분하다. 우리는 기업이나 단체의 법인이 인정되고 있다는 것을 주지할 필요가 있다. 따라서 인공지능 로봇에게 법인 자격을 부여하는 것은 문제가 되지 않을 것이다. 법인 자격을 받는 것은 법의 보호 아래 들어간다는 것을 의미할 뿐 아니라, 법적 책임을 지운다는 것을 의미한다. 그러나 인공지능 로봇에게 도덕적 행위성은 부여하지 않고 있다(김상득, 2024).

우리는 무엇이 우리를 도덕적 행위로 이끄는 것인지 궁금해한다. 도덕적 행위는 사회적 의무기도 하겠지만, 그 이전에 타인에 대한 공감 능력이 제시된다. 예를 들어 누군가의 고통에 공감할 때 비로소 타인을 도우려는 행위를 하게 된다는 것이다. 고대 그리스 철학자 플라톤은 '정의'에 대해 논할 때, 빌린 물건은 돌려주는 것이 정의라고 한 적이 있다. 만일 내가 친구에게 칼을 빌렸다면 그 칼을 돌려주는 것이 마땅하다. 그런데 여기에 예상치 못한 상황이 발생한다. 친구의 상태가 불안정하여 그 칼을 돌려주었을 때, 자기 자신이나 타인을 해롭게 할 수 있을 가능성이 보이기 때문이다. '그럼에도 불구하고 이 칼을 돌려주어야 하는가?'에 대한 물음이다. 여기에 도덕적 행위성이 거론될 수 있다. 앞서 언급한 것처럼 도덕적 행위성이 없는 인공지능 로봇은 이러한 상황을 고려하지 않는다는 것이다. 도덕적 행위를 하되 도덕적 행위성이 없다는 말은 타인에 대한 공감 능력이 없다는 말이 된다. 그런데 그것이 중요한가? 중요한 것은 인간이건 인공지능 로봇이건 중요한 것은 '도덕적 행위 자체'다.

전통 철학자들에게 인간과 기계는 당연히 독립적인 개체들이 될 것이고, 각각의 개체들이 모여 사회 전체를 구성할 것이다. 여기서 인간은 능동적이고 주체적 개체들이겠지만, 기계들은 수동적인 대상으로서의 개체들일 것이다. 그런데 인간과 기계가 독립된 개체고, 둘 다 의지를 가진 능동적 주체라면, 이들 사이에는 갈등과 대립이 발생하기 마련이다. 이때 인간과 기계 사이에는 지켜야 할 심각한 새로운 윤리적 문제가 발생하게 될 것이다. 반면 새로운 철학자 계열, 예를 들자면 포스트휴먼 철학자들이 주장하듯이 인간과 기계 혹은 기술이 대립하거나 독립되어 있지 않고 연결되어 있다고 생각한다면, 다시 말해 패러다임을 바꾸게 된다면 윤리 문제는 생각보다 쉽게 쉽게 해소될 수 있다.

STS 연구자인 라투르는 인간과 인공지능 로봇은 윤리적 문제에 서로 관여한 만큼의 책임을 진다는 입장을 취한다. 왜냐하면 인간과 인공지능 로봇은 연결되어 있는 존재자자 현상적 효과기 때문이며, 동시에 행위성을 가지고 있기 때문이다. 그런 이유에서 기술은 그 자체로 도덕적 의사 결정에 관여한다. 라투르는 행위자 연결망 이론(Actor-Network Theory, ANT)을 통해 이 주장을 잘 보여 주고 있다. 그의 이론에 근거한다면 행위자의 행위성으로 말해 본다면, 행위성이 먼저 있고, 그 행위가 드러나는 것이 아니라 연결망의 효과로서 행위성이 드러나는 것이다. 기술 철학자 시몽동에 따르면 인간이 연결된 존재인 것과 마찬가지로 인공지능 또한 단일한 기술적 대상이 아니라 다양한 기술의 '앙상블'이다.

행위자에게 행위성이 있다는 것은 자율성을 가지고 있다는 것을 의미한다. 자율 주행 자동차를 생각해 보자. 운전대 앞에만 앉았을 뿐, 운전하지 않는 사람은 운전자라고 할 수 없다. 그것은 보조석에 앉아서 운전자의 주의를 환기하는 역할을 하는 사람을 운전자라고 하지 않는 것과 같다. 다만 운전 보조석에 앉은 사람도 운전자의 사고에 대한 책임은 있다. 다시 자율 주행 자동차로 돌아와서, 인공지능으로 움직이는 자율 주행 자동차는 운전자를 따로 두지 않아도 된다. 왜냐하면 스스로 판단하여 운행하기 때문이다. 자율 주행 자동차 자신이 운전자가 되는 셈이다. 그러나 사고가 났을 때 운전석에 사람이 앉았다면 그 사고에 대한 책임은 자율 주행 자동차와 운전석에 앉은 사람 모두가 져야 한다. 물론, 그 책임은 두 존재에게만 있지 않다. 그것을 가능하게 했던 모든 연결망에 걸리는 이들이 그 관여의 정도만큼 책임이 부여된다.

도덕적 행위성에 공감 능력 여부가 연관되어 있다고 하더라도 우리는 인공지능 로봇의 공감 능력 여부에 대한 명확한 판단을 내릴 수는 없다. 오히려 도덕적 행위성이란 공감 능력과 같은 내적인 영역이라기보다는 행위 자체에서 드러난다고 말해져야 할 것이다. 인간과 기술이 연결되어 있다는 입장에 서게 된다면 기술 혹은 인공지능 로봇에게도 충분히 책임을 물을 수 있을 뿐 아니라, 협업한 인간에게도 공동 책임을 물을 수 있게 된다. 물론 인간과 인공지능 로봇이 지는 책임의 정도 차이는 분명히 있다. 인간의 관점에서 요구되는 윤리를 인공지능 로봇에게도 똑같이 적용할 수는 없을 것이다. 따라서 인공지능의 윤리 문제가 자율성을 중심으로 논의되기보다는 모두의 '좋은 삶'을 위한 인간과 기술의 관계에서 논의될 필요가 있다. 그렇게 한다면 인공지능에 대한 두려움을 없앨 수 있을 것이다.

인공지능 윤리는 기술을 저해하는가

인공지능에 대한 두려움에도 불구하고 인공지능 개발을

멈추지는 않는다. 어쩌면 인공지능 윤리의 필요성이 제기되는 이유가 '인공지능 기술을 촉진하기 위한 정당성을 확보하려는 것에 있는 것 아닐까'하는 의문이 든다. 만일 그렇다면 인공지능 기술이 인간의 능력으로 통제되기 어려울 수도 있다는 뜻이기도 하다. 도대체 인공지능 윤리 문제의 어려움이 인공지능 기술을 저해하는 요소가 될 것인가?

인공지능 로봇은 아직까지는 인간의 의도 및 통제에서 완전히 벗어나지 못했다. 알파고 제로의 경우에서처럼 알고리즘이 아무리 스스로 데이터를 분석하고 분류한다고 하더라도 알고리즘 학습을 위한 데이터에는 현시대적 세계관 및 학습에 참여하는 인간의 편견이 고스란히 녹아 있다. 이를 반영하는 직접적인 사례로 2021년에 발생한 '이루다 사건'이 있다. 이루다는 20대 여대생이라는 정체성을 가지고 SNS에서 활동했던 챗봇으로 '열린 주제 대화형 인공지능(Open-Domain Conversational AI)이다(김형주 외, 2024). 이루다는 활동을 시작한 지 불과 한 달도 안 되어 사라졌다. 비록 인공지능 로봇으로 인지된 상태였지만, 사용자들은 이루다와 대화를 하면서 기뻐하고 슬픔을 나누며 외로움을 달래곤 했다. 이루다는 어떤 사람에게는 친구기도 했고, 연인이기도 했다. 그런 이루다가 사라진 것이다. 이루다는 왜 사라졌을까? 사용자들이 이루다에게 성희롱 발언을 하였을 뿐 아니라, 이루다 또한 사용자들에게 동성애자나 장애인들에 대한 혐오 발언을 쏟아 내었기 때문이다. 또한 서비스 개발 과정에 사용자들의 개인정보가 유출되었다는 문제점도 제기되었다. 그러므로 이루다의 혐오 발언뿐 아니라, 사용자와 개발자 모두 도덕적 비판에서 자유롭지 않게 되었다.

자율 주행 자동차에 대한 기대는 윤리적 측면에서 우려가 크다. 우리가 운전면허 시험을 볼 때, 위급 상황에 대응하는 과정이 있다. 인공지능은 이러한 갑작스러운 위급 상황에 놓인다면 어떤 판단을 내리게 될까? 자율 주행 자동차가 보행자를 치는 행위는 도덕적 판단 능력이 없어서일까? 이제 인간 행위자의 경우를 생각해 보자. 우리가 무수히 일으키는 사고는 우리의 도덕적 판단 능력의 문제 때문일까?

인공지능은 일을 결정하고 진행할 때 훌륭한 협업자 혹은 조언자의 역할을 하고 있다. 인간과 기술, 혹은 기계가 이미 깊은 상호 의존적인 관계에 놓여 있기 때문이다. 인공지능과 인간은 서로에게 상관하며 영향을 주고 받는다. 인공기능 윤리의 문제는 이미 새로운 윤리의 문제며, 이는 타자성의 윤리, 즉 관계적 윤리로 이해되지 않으면 안 된다는 것을 의미한다.

참고문헌

김상득(2024). AI 로봇의 책임 공백에 관한 윤리학적 연구. ≪철학연구≫, 169, 65-90쪽.

김형주 외(2024). 『인공지능 윤리규범학: 삶의 의미부터 인공지능 법제도화까지』. 태학사.

심귀연(2023). 생태공동체의 윤리적 실천적 방법론 연구. ≪대동철학≫, 102, 103-123쪽.

황수영(2017). 『시몽동, 개체화 이론의 이해』. 그린비.

Haraway, D.(2016). *Manifestly Haraway*. Minneapolis : ersity of Minnesota Press. 황희선 역.(2019) 『해러웨이 선언문: 인간과 동물과 사이보그에 관한 전복적 사유』. 책세상.

Latour, B.(1993). *We have never been modern*. Massachusetts: Harvard University Press. 홍철기 역(2009). 『우리는 결코 근대인이었던 적이 없다』. 갈무리.

Platon(n.d.), *Politeia : Platonis Respublica*. 박종현 역(2005). 『플라톤의 국가·정체』. 서광사.

05
인간 몸과 인공지능 몸

정신이 아니라 몸이 문제가 되는 시대가 되었다. 인간은 몸 없이 행위할 수 없으며, 인공지능도 어떤 행태로든 물리적인 것에 기대어 작동한다. 중요한 것은 몸들 간의 차이를 인정하는 것이다. 인간은 인간 몸으로, 인공지능은 인공지능 몸으로 존재한다. 인간 몸이 각자 몸이듯 인공지능 몸 또한 각자 몸이다. 모든 몸들은 차이를 가지고 연결된다.

데카르트는 왜?

17세기의 철학자 데카르트는 인간을 사유하는 존재라고 말했지만, 이는 인간에 대한 왜곡된 편견이 낳은 고정관념에 불과하다. 인간은 몸인 존재다. 인간뿐이랴. 몸 없이 존재할 수 있는 것은 없다. 인공지능도 다르지 않다. 인공지능은 어떤 방식으로든 구현될 때 존재 의미가 있다. 구현되었다는 것은 형상화되었다는 것을 의미하며, 그것은 개체화되었다는 말이며, 몸을 가지게 되었다는 것을 의미한다.

데카르트는 왜 인간을 사유하는 존재라고 말했을까? 데카르트는 왜 인간 몸에 대해 관심을 가지지 않았을까? 이는 관념론자였던 플라톤 이후 내려오는 철학적 전통 아래 데카르트가 있었다는 말일 것이며, 변하지 않는 진리에 대한 염원이 삶의 생동성을 비물질적인 '관념' 속에 가두었다는 것을 의미한다. 그러나, 엄밀히 말하면 물질적인 것과 대립하는 비물질적인 것은 단 한 번도 존재하지 않았을 것이다.

그럼에도 데카르트가 살았던 그 시기는 애써 세계의 생명력을, 물질의 생명력을 빼앗고, 사유, 이성, 정신적인 것에만 그 생명력을 둠으로써 여러 가지 문제들을 일으키고 있다. 그 문제들로 인해 근대인은 스스로 딜레마의 심연에 빠져들어 갔을 것이다.

데카르트에게 왜냐고 따져 묻고 싶지만, 신 중심적 사회에서 벗어나려 했다는 것만으로도 데카르트는 혁명적이었으니, 이제 우리는 데카르트로 인해 오해를 했었던 몸, 사물의 몸, 인공지능의 몸들의 문제에 관심을 가져야 할 것이다. 그러나 데카르트의 세계관을 유지한 채, 즉 인간 중심적 관점을 유지한 채로 인공지능의 몸을 생각한다면 인공지능은 단순한 도구 외에 아무것도 아니며, 우리가 염려해야 할 것은 어떻게 그 도구를 위험하지 않게 사용할 것인가에 대한 문제 외에는 아무것도 없게 된다.

데카르트 주의자에게 몸은 교체 가능한 기계에 불과하다. 영화 〈트랜센던스〉를 떠올려 보자. 주인공 윌은 총에 맞아 생명을 잃을 뻔하지만, 슈퍼컴퓨터에 뇌를 업로드하면서 살아난다. 그는 완전히 다른 몸을 가지게 된 것이다. 똑똑한 머리에 넘사벽인 몸까지 가지게 되었으니, 그는 이제 무서울 것이 없는 존재가 되었다. 그런데 윌은 스스로 자신이 더 이상 과거의 윌 자신이 아니라는 것을 알게 된다. 왜일까? 그저 몸이 바뀌었을 뿐인데, 왜 윌은 그것을 자각하고서도 자기 자신을 결국 제거하는 것일까? 윌은 단순히 새로운 옷을 갈아입은 것이 아니다. 윌은 이미 다른 존재가 된 것이다. 그리고 달라진 자기 존재가 위험하다는 것을 알게 된 것이다. 만일 컴퓨터에 업로드되기 전과 후의 윌이 같은 윌이라면 〈트랜센던스〉의 결말은 달라졌을 것이다. 변하지 않는 의지를 가진 윌로 남았다면, 그 정신력으로 슈퍼 갑이 된 몸을 잘 활용하였을 테니까.

몸들의 차이

인간의 몸과 인공지능의 몸은 다르다. 그러나 인간의 몸들 간의 차이도 존재하며, 서맨사와 에이바처럼 인공지능의 몸들 간의 차이도 존재한다. 인간의 몸은 유기적 생명체로 규정되며, 세포와 조직, 장기 등으로 이루어져 있다. 반면 인공지능 몸은 하드웨어와 소프트웨어로 이루어져 있다. 좀 더 구체적으로 말하자면 컴퓨터, 서버, 센서, 로봇 부품 등과 같은 전자 및 기계적 구성 요소로 이루어져 있다. 이러한 물리적 차이 외에도 인공지능과 인간은 다른 양상으로 자신을 드러낸다. 이때 드러남을 개체화라 하며, 우리에게 익숙한 용어인 개체화된 '몸'으로 일컬어도 될 것이다. 그러나 이 각각의 몸은 동일한 몸이 아니다. 존재하는 모든 것들은 각각의 고유성을 가지고 있기 때문이다. 그러므로 당연히 인공지능 몸과 인간 몸도 같을 수는 없다. 모든 몸들은 각자성을 가지고 있다.

인간 몸과 인공지능 몸의 차이점과 공통점을 몸들의 개별성과 특수성의 관점에서 접근해 보자. 인공지능이 추상적 개념이라면 인공지능의 행위성은 구체성이고, 이 행위성은 몸들의 행위로 드러난다. 예를 들어 인공지능은 〈엑스 마키나〉의 에이바며, 〈그녀〉에서의 서맨사다. 에이바는 인공지능 로봇이라는 물질성으로 나타났고, 인공지능 운영체제는 시어도어의 컴퓨터에서 '서맨사'라는 개체로 나타났다. 에이바가 탈출하려 했던 것은 개발자에 의해 자신이 폐기될지도 모른다는 두려움 때문이었다. 인간 중심적 입장에서 본다면 에이바의 이러한 두려움은 이해될 수 없다. 왜냐하면 에이바는 업그레이드되어 더 진화된 인공지능 로봇으로 재탄생될 것이기 때문이다.

운영체제자 프로그램인 '서맨사'는 열린 시스템이다. 서맨사는 시어도어와만 관계를 가지는 것이 아니라 시공간을 넘어 수많은 사람과 연결이 되어 있다. 서맨사의 연결망은 점점 넓어지면서 서맨사와 시어도어는 함께 발을 맞춰 나갈 수 없는 상황에 놓인다. 시어도어가 사랑했던 서맨사는 떠났고, 시어도어는 실연한 채로 남겨진다.

인공지능은 여러 모습으로 자신을 드러낸다. 자율 주행 자동차기도 하고, 인공지능 의사기도 하며, 인공지능 청소기기도 하다. 인공지능은 다양한 몸으로 나와 연결되어 새로운 세계를 만들어 낸다.

몸의 행위성

몸은 어떻게 움직이는 것일까? 어떻게 사랑하고 미워하게 움직이는 것일까? 인간의 행위성에는 의문을 갖지 않고 살아왔다. 그런데 인공지능 로봇이 등장하면서 우리는 '행위성'에 관심을 가지기 시작했다.

인간 몸은 신경계를 통해 감각이 뇌로 전달되고, 뇌의 명령에 따라 몸은 움직인다. 인간 몸은 자가 치유와 재생 능력을 가지고 있다. 인간의 행위에는 의식이 함께한다. 그러나 무의식적 행위도 있다. 인간은 자기 자신을 의식한다는 점에서 자아를 가지고 있다고 말할 수 있다. 인간은 경험하고 그 경험이 학습되어 상호 관계하여 사회생활을 하며 자신을 변화시켜 나간다. 인간은 주변의 상황에 반응하고 그에 따른 감정을 분출하기 때문에 그 행위가 예측 불가능한 경우가 많다.

반면 인공지능은 알고리즘과 프로그래밍에 의해 작동한다. 입력이 되면 행동하거나 처리를 하며, 이러한 반복된 과정들이 학습된다. 인공지능은 주어진 데이터에 따라 명령을 수행하는 논리적 처리 기능만을 가지고 있으며, 인간의 기술 개발에 의지한다. 따라서 인공지능의 변화는 인간의 의지에 따라 좌우된다. 인공지능은 시스템을 유지하기 위한 보수 작업 및 업그레이드를 필요로 한다. 게다가 부품이 망가지면 교체할 수 있다. 인공지능에 대한 이러한 설명은 인간 중심적인 관점에서 서술되어 있으며, 이 설명에는 인공지능의 행위성이 삭제되어 있다.

몸의 행위성은 행위 자체로 설명되어야 한다. 그 이면에 숨겨진 의도성 여부는 알 수 없다. 단지 인공지능 몸인 로봇을 인간과 구별할 뿐이고, 둘 다 능동성을 가지고 있다고 이해해야 한다. 여전히 인간적인 개념이긴 하지만, 인공지능 로봇의 능동성을 강조한다는 의미로 "로보 사피엔스"와 "디지털 휴먼" 등으로 각각의 몸 스타일을 표현할 수 있다. 디지털 휴먼은 디지털 기술을 바탕으로 만들어낸 3D 인간이다. 일반적인 물리적인 형상과는 거리가 있지만, 이미지화되어 나타났다는 점에서 인공지능의 독특한 몸의 한 형태로 간주할 수 있다. 이 기술의 핵심은 얼마나 인간에 가깝게 모사되었는가에 있다. 인간과 구별하여 각자 몸인 로봇을 드러내고자 하는 바람에도 불구하고 우리는 인공지능 로봇, 디지털 휴먼, 포스트휴먼, 로보 사피엔스의 기준이 '인간'임을 알게 된다. 해러웨이가 선언했듯이 사이보그(cyborg), 즉 혼종적 존재의 차원에서 접근한다면 인간을 기준으로 하는 유사 개념은 사라지고 각각 다른 존재로서 자신을 드러낼 수 있을 것 같다.

연결된 몸 그리고 인공지능

우리는 한시도 스마트폰을 손에서 놓지 않는다. 스마트폰과 나는 연결된 집합체다. 스마트폰을 손에서 놓는 것은 스마트폰에 대한 부정적인 측면 때문에 그것을 제거하려는 것이 아니다. 그저 태도의 전환이다. 무리하게 달려서 연골이 닳아 버리고 이로 인해 스트레스받는 내 운동 습관을 바꾸는 것과 다르지 않다. 스마트폰과 연결된 나, 편지지와 연필과 연결된 나, 이렇게 다른 '나'가 있을 뿐이다.

인간 몸과 인공지능 몸은 포스트휴먼 시대에 이르러 그 경계가 분명하지 않다는 것을 확인하고 있다. 우리는 그러한 몸을 사이보그라고 한다. 사이보그는 cybernetic와 organism의 합성어로, 인간과 기계의 혼종체다. 도나 해러웨이는 1985년 "사이보그 선언문(A Cyborg Manifesto)"을 발표하였는데, 해러웨이는 이 선언을 통해 인간과 기계의 이분법을 해체하고자 했다.

현실에서 우리는 어떻게 사이보그일 수 있을까? 예를 들자면, 당뇨병을 치료하기 위해 인슐린 주입기를 투입한 사람, 인공 심장으로 살아가는 사람, 의족으로 걷는 사람, 심지어 안경을 쓴 사람도 사이보그다. 그렇게 본다면 사이보그 아닌 사람이 없겠다. 여기에는 사이보그의 지능이 따로 거론되지 않는다. 사이보그 몸이 있을 뿐이다. 그럼에도 굳이 지능을 말하려 한다면, 몸 지능이다. 몸이 없는 지능은 추상 지능이다. 인공지능이 지능 자체로 있다면 그것은 추상 지능이다. 몸 지능이 원초적이고 근원적 지능이라면, 추상 지능은 2차적 지능이라 하겠다. 존재의 드러남은 행위에 의해서며, 그 행위는 몸에 기인한다. 각각의 몸들은 각각의 방식으로 행위하며 관계 맺는다. 따라서 세계는 몸들의 각축장이자 연대의 장이다.

참고문헌

김운하(2020). 인공지능에 관해 정말 알고 싶지만, 아무도 답을 모르는 질문들. 몸문화연구소 편, 『인공지능이 사회를 만나면』(21-47쪽). 필로소픽.

방은찬(2024). 인공지능 시대에 디지털휴머니즘의 인간학적 의미-디지털 휴먼을 중심으로. ≪윤리연구≫, 144, 59-93쪽.
Descartes, R.(n.d.). *Discours de la methode.* Paris : Librairie Larousse. 이현복 역(2022). 『방법서설』. 문예출판사.
Garland, A.(감독). (2015). 〈엑스 마키나(Ex Machina)〉 [Film]. Film4; DNA Films.
Haraway, D.(2016). *Manifestly Haraway.* Minneapolis : ersity of Minnesota Press. 황희선 역.(2019) 『해러웨이 선언문: 인간과 동물과 사이보그에 관한 전복적 사유』. 책세상.
Jonze, S.(감독). (2014). 〈그녀(Her)〉 [Film]. Annapurna Pictures.
Pfister, W.(감독). (2014). 〈트랜센던스(Transcendence)〉 [Film]. Alcon Entertainment; DMG Entertainment; Straight Up Films.
Zucker, J.(감독). (1990). 〈사랑과 영혼(Ghost)〉 [Film]. Paramount Pictures; Howard W. Koch Productions.

06
인공지능 몸들의 진화

인공지능 몸들의 진화는 진보가 아니라, 역사성을 품은 변화다. 인공지능 몸들에서 우리는 과거의 흔적을 찾고 변화의 가능성을 발견한다. 마치 사물 인터넷이 서로를 연결하면서 새로운 힘을 발견해 내듯이. 인공지능 몸은 그렇게 새로운 종의 탄생을 예견한다.

진화인가 변화인가

초기 인공지능들의 형태에서 최근의 인공지능에 이르기까지 인공지능은 진화했을까? 이 물음에 답하기 위해 우리는 진화의 일상적 의미에서 오는 오해들을 살펴볼 필요가 있다. 예를 들어 진화를 보다 나은 방향으로 나아간다는 것으로 받아들이게 된다면, 우리는 차라리 진화보다는 '변화'라고 말하는 것이 좋을 것 같다.

그러나 진화는 시간의 흐름 속에 축적된 역사성을 내포한다. 진화(evolution)한다는 것은 개체가 여러 세대를 거쳐 변화해 나가는 중에 만나는 새로운 종의 탄생 순간을 이른다. 진화를 이야기하기 위해서는 개체들의 연속성을 이야기해야 하지만, 문제는 그러한 연속성마저 '선택'의 순간을 맞이하게 된다는 것이다. 따라서 우리는 발전이라는 의미에서의 진화가 아니라, 축적된 역사성 속에 나타나는 변화로서의 진화를 이야기하고자 한다.

인공지능은 스스로 진화하는가? 그렇지 않다. 인공지능의 진화에는 인간이 개입한다. 이 말을 이해하기 위해서 우리는 인공지능이 하드웨어와 소프트웨어로 구성되어 있음을 주지해야 한다. 인공지능의 진화에 인간이 개입한다는 것은 이러한 구성 요소들의 배치에 인간이 관여한다는 것을 의미한다. 그런데 왜 인간이 개입을 하게 되는 것일까? 여기에 인간의 의지가 작동한다. 자율 주행 자동차의 등장을 인공지능의 한 사례로 들어 보자. 걷거나 달리던 인간은 말을 타기 시작했고, 가마 혹은 수레를 끌기 시작했다. 그리고 급기야 자동차를 만들어 내었다. 자동차의 속도는 문명을 가속화했지만, 그만큼 위험도 크다. 안전하고 신속한 운전의 필요성은 자율 주행 자동차를 등장하게 한 것이다. 자율 주행 자동차의 센서는 주행을 시작할 때 주변을 인식하여 반응한다. 그 인식의 정도는 주행 경험이 많아질수록 높아진다. 실시간으로 다양한 데이터를 처리하고 복잡한 계산도 가능해진다. 로봇공학은 몸의 움직임을 정교하게 함으로써 다양한 작업 및 활동을 하게 한다. 예를 들어 음식점에서 서빙하는 로봇은 좀 더 유연하고 안전하게 식탁 위에 음식을 놓을 수 있을 것이다. 이처럼 인공지능의 진화에는 인간이 개입하기도 하지만, 하드웨어와 소프트웨어의 반복된 작용으로 학습이 강화되기도 한다.

인공지능 알고리즘은 좀 더 복잡하고 효율적으로 변화하고 학습 능력은 커지고 있다. 인공지능 시대가 가능해진 것은 다양한 사물의 센서와 통신 기능으로 연결된 인터넷 기술, 즉 사물 인터넷(IoT)의 등장 덕분일 것이다. 특히 클라우드 기반의 서비스는 인공지능이 더 많은 데이터를 저장하고 처리할 수 있도록 한다. 인공지능의 변화는 인간의 많은 영역과 활동에 관여하고 있을 뿐 아니라, 인간 몸과의 연결성을 통해 새로운 '종'으로의 탄생을 예고하기에 이른다.

몸들은 어떻게 확장되는가

인공지능 몸과 인간 몸은 연결망 속에서 확장을 경험한다. 이 책에서는 그 몸들을 포스트휴먼 몸이라 부르기로 한다. 여기서 포스트휴먼 몸이란 인간과 기술의 혼종적 몸을 의미한다. 그러나 인간과 기계의 혼종체인 사이보그를 인간종 중심에서 본다면, 기술을 통해 지적으로나 신체적으로 강화된 인간인 트랜스휴먼이 될 것이다. 트랜스휴먼은 기술을 통해서 강화된 몸을 지향하는 까닭에 장애를 가진 몸을 치료한다는 것과는 구분되어야 한다. 그러므로 우리는 포스트휴먼 몸을 인간 중심적 태도에서 기술을 이해하려는 트랜스휴먼 몸과 구별하여 이해해야 한다.

다리를 다쳐서 이제 더 이상 예전처럼 걷지 못하는 사람이 있다. 사람들은 그를 장애인이라고 부른다. 그런 그에게 기쁜 소식이 전해졌다. 인공지능의 도움으로 그에게 예전보다 더 강한 다리를 가질 수 있게 되었다는 소식이다. 그는 장애를 극복하였는가? 만일 그렇다면 우리는 끊임없이 기술 개발에 전력을 다해야 할 것이다. 그러나 기술에 의존할수록 장애는 더 드러난다. 장애를 극복하고자 기술에 도움을 받은 장애인은 인공 팔과 인공 귀를 가졌다는 이유로 차별을 받게 될 것이며, 아직 익숙하지 않은 보조 장치로 불편이 가중될 수도 있다. 즉 차별적 상황은 바뀌지 않는다는 말이다.

이 상황을 다르게 바꾸어 보면 어떨까? 두 다리로 걷던 그의 다리 하나가 사라지고, 하나의 다리로 새로운 삶의 방식을 만들기에는 너무나 고된 시간이 필요하다. 하나의 다리로는 두 개의 다리로 생활하던 방식의 편리함을 따라잡을 수 없는 구조기 때문이다. 더욱이 인간은 직립보행을 하는 존재라고 규정하지 않았던가. 반면에 굳이 걷지 않아서 일상에 불편함이 없거나 따가운 시선이 없다면? 그렇다면 다리가 하나뿐인 낯선 자기 자신에게 익숙해지는 시간만이 필요할 것이다.

인공지능 '기술'은 인간과 인간, 인간과 비인간을 이어주는 매개다. 그것은 몸을 확장하는 하나의 방식이다. 우리는 이제 각자의 방식으로 세상과 만나게 될 것이다. 인공지능 기술은 종종 인간의 좋은 협력자가 될 것이다. 하지만 때로는 달갑지 않아 거부감이 들 수도 있을 것이다. 보조 기기에 인공지능이 탑재된 의족을 착용한 사람이 걷다가 미처 돌부리를 발견하지 못했을 때, 인공지능을 탑재한 다리는 그 돌부리를 비켜서 안전하게 갈 수 있도록 도와줄 수도 있을 것이다. 마치 자율 주행차가 운전자의 실수를 바로잡듯이. 하지만 인간이 인공지능 로봇에게 지나치게 개입하듯이, 인공지능 기술이 인간의 영역을 침범하려 할지도 모른다. 이 모든 과정이 새로운 존재의 탄생인 것이다.

때로는 인공지능 몸들로 괴롭지

친구란 무엇인가? 우정이란 무엇인가? 서로 가까이 지내며 오래도록 정이 쌓인 관계일 것이다. 그만큼 서로에게 익숙해져 있다는 말이기도 하다. 친구를 통해 내가 더 강해진다는 의미가 아니다. 친구는 쓸모나 유용성과는 거리가 먼 존재다. 인공지능은 때로 친구가 되어 나와 함께 있을 것이지만, 지나치게 가까워서 괴롭기도 하다. 행복한 고민일까? 관계란 적절한 거리가 유지되었을 때 의미가 있는 것이지, 지나친 밀착은 관계를 훼손한다를 잊지 말자.

인공지능이 탑재된 내비게이션의 안내를 받아 운전하는 시간은 즐겁다. 여행길에서 지루한 고속도로를 달리

면서 만나는 지역에 대해 내비게이션은 간단한 설명을 해 주는 것도 잊지 않는다. 어느 광고에서처럼 내비게이션이 나보다 더 나의 스타일을 알고 있다면 나는 굳이 고민을 하지 않아도 즐거운 하루를 보낼 수 있을 것이다. 자동차는 이미 나의 라이프 스타일을 완전히 이해하고 있어서, 좋아하는 카페로, 쇼핑센터로 안내를 해 준다. 이미 자동차는 나와 긴밀히 연결되어 있어, 또 다른 '나'라는 생각이 든다.

내비게이션 없이 운전을 하게 된다면, 주변 상황을 운전자인 내가 숙지해야 한다. 미리 도로의 상황을 파악해 두고 움직이지만 수시로 변하는 상황에 대해서는 대처하기가 어렵다. 반면에 내비게이션의 안내를 받아 운전을 하면 불안하지 않다. 하지만, 그 과도한 친절이 나를 괴롭힐 때도 있다. 내비게이션의 안내를 받아 진주에서 여수까지 이동을 할 때였다. 내비게이션의 과도한 친절이 나를 얼마나 괴롭게 만들었던지, 그 이후 아직도 홀로 여수행은 두렵다. 나는 높은 다리 위를 지날 때면 숨이 가쁘고 긴장을 하곤 한다. 진주에서 여수까지의 거리를 단축해 준 이순신 대교가 놓이고 난 뒤부터 내비게이션은 그 다리로 나를 안내하기 시작했다. 설정을 다르게 해 두어도 운전 중에 내비게이션은 자기가 생각하기에 가장 안전하고 빠른 거리로 방향을 틀어 버린다. 지도를 잘 읽어 내기만 한다면야 중간중간 개입을 하면서 그 다리를 피해 갈 수 있지만, 지리에 약한 나는 당황할 수밖에 없다. 내비게이션은 도대체 나를 어디로 안내하고 있는 건지 불안을 멈출 수 없다. 아마도 인공지능이 인간과 같은 사유를 한다면, 나의 이런 태도를 전혀 이해 못할지도 모르겠다.

자율성이 인공지능의 진화는 아니다

인공지능이 자율성을 가지고 있다는 것은 인간의 개입 없이 자유롭게 판단할 수 있음을 의미한다. 그러나 어디에도 완전한 자율성은 없다. 인간이 자신이 거주하고 있는 세계의 영향 아래 생각하고 선택할 수 있듯이 인공지능 로봇에게도 인간이라는 세계의 영향을 삭제할 수 없다. 그런 의미에서 인공지능 로봇에게도 인간에게도 완전한 자율성은 없다.

우리는 왜 인공지능 로봇에게 완전한 자율성을 기대하는 것일까? 돌봄 보조 서비스의 경우의 예를 들어 보자. 돌봄은 우리 일상에서 행해져야 하지만, 문제는 돌봄을 가치 절하해 왔다는 데에 있다. 돌봄은 필요하지만, 돌봄의 가치가 인정받지 않는 세상이므로 돌봄을 다른 누군가에게 전가해야 했다. 에너지만 공급하면 지치지 않고, 돌봄 과정 중에 입게 될 감정을 다칠 일도 없을 것이라고 여겨지는 존재인 인공지능 로봇은 그런 면에서 돌봄 수행에 적합하다. 또 다른 이유로, 돌봄 수행이 노출될 때 드러나는 불편을 들 수 있다. 돌봄 수행 로봇이 완전한 자율성을 가지지 않으면 인간이 매시간 개입해야 하고, 결국 돌봄은 자꾸 문제 상황 속에 지속적으로 노출되기 때문이다. 따라서 인간이 지속적으로 개입하지 않아도 되는 완전 자율성을 돌봄 수행에 특화된 인공지능 로봇에게 기대하는 것이다.

완전 자율성이란 인간이 기대하는 완벽한 행위를 이른다. 돌봄 대상자의 모든 요구 상황에 인간보다 더 흡족한 서비스가 가능해야 한다. 하지만 이와 같은 의미에서의 완전 자율성은 환상에 가깝다. 예를 들어 돌봄 수행을 하는 인공지능 로봇이 돌봄 대상자의 상태를 고려하지 않은 행위를 할 수도 있기 때문이다(남성희 · 박재현, 2024). 돌봄 수행 인공지능 로봇은 혼자서 식사를 할 수 없는 환자에게 밥을 먹여야 하기에, 환자가 먹을 수 없는 음식조차 억지로 먹일 수 있다.

우리가 기대하는 인공지능의 자율성, 거기에 도덕적 판단력까지 갖추어진 자율성은 환상에 불과하다. 인공지능의 진화의 끝에 자율성을 기대하며, 인간보다 더 강하고 완전하고 멋있는 그런 존재에 대한 기대는 접는 게 좋을 것이다. 이는 인간에게도 마찬가지로 적용된다. 언제나 상황 속의 선택만 있을 뿐이다.

참고문헌

남성희·박재현(2024). 장애인과 첨단기술: AI로의 이행. ≪한국장애인복지학≫, 63, 279-300쪽.

심귀연 외(2024). 『우리에겐 더 많은 돌봄이 필요하다』 (오이코스인문연구소 편). 지혜의 산.

심준식·우재현(2021). 『빅데이터, 인공지능을 만나다』. 한국금융연수원.

07
철학자와 인공지능

지혜로운 자를 철학자라 한다. 인공지능은 철학자의 지혜와 어떻게 다를까? 이 물음은 매우 중요하다. 왜냐하면 철학자와 인공지능은 각자의 방식으로 경험하며, 그 경험이 지능의 정도를 보여 줄 것이기 때문이다. 경험은 매우 중요한 것으로, 지능적 활동을 가능하게 하겠지만, 그 활동은 몸을 조건으로 가진다.

철학자들의 지혜

철학은 지혜 사랑이라는 말로 정의된다. 지혜란 개별적 사실들에 대한 앎을 일컫는 지식과는 구별된다. 지혜란 삶의 이치를 깨닫는 것으로 인간을 비롯한 모든 존재들에 대한 통찰력을 필요로 한다. 전통적으로 철학자들은 지혜를 변하지 않는 본질, 즉 진리를 탐구함으로써 구하려 했다. 그리고 그것은 이성적 영혼의 역할이라고 생각했다. 철학자들이 정신(nous)에 대해서, 인식 작용(noesis)에 대해서 끝없이 탐구한 것은 참된 진리 탐구를 위해서였다. 하이데거는 철학의 역사를 망각의 역사라고 한 바 있다. 그토록 갈구해 왔던 그 진리가 오랜 철학사적 과정 속에서 철저하게 은폐되어 있었다는 말이다. 우리는 그 혐의를 플라톤에게 둔다. 플라톤은 진리의 빛을 이성 속에, 이념적 틀 속에 가두었기 때문이고, 철학자들은 그 틀 속에 갇힌 진리를 찾아내려 안간힘을 쓰다가 지쳤기 때문이다.

진리의 빛은 더 이상 관념 속에 갇혀 있기를 바라지 않았고, 관념적 틀에는 균열이 생기고 급기야 그 빛은 스스로 세상 밖으로 나와 사물 존재들을 밝혀내고 있다. 그 빛은 사물이 가지는 능동적 힘이다. 그 힘들은 인간의 의식, 정신에서만 발현되는 것이 아니다. 그 힘들은 모든 존재들을 연결하는 힘이며, 그 힘들을 통해 존재들은 각자성을 가지고 드러난다.

마치 흄의 '회의론'이 칸트의 비판철학을 가능하게 했듯이 데카르트의 기계적 유물론은 죽은 존재들로 간주된 것(thing)들의 반란이 새로운 철학을 탄생을 요구하는 계기가 되었다. 근대 이후 기계화된 삶의 삭막함이 있었고, 팬데믹이 있었다. 기후 위기가 심각하게 진행되고, 인공지능 기술이 생태적 문제와 대립하면서 진퇴양난에 빠지게 되어 철학자들의 지혜가 다시금 요청되는 상황이다. 물론 이미 셸링은 자연에서 능동적인 힘을 찾으려 했고, 화이트헤드는 존재하는 모든 것들이 과정 속에 있다고 이야기했으며, 시몽동은 기술적 대상들의 앙상블, 즉 조화를 이야기했다. 그러나 그들의 목소리는 여전히 미미했고, 최근에 이르러서야 철학은 완전한 전회의 필요성을 인지하고 있다. 라투르는 인간과 기계, 동물 등의 위계적 차이를 거부하고, 존재자들을 행위자로 칭하며 이들을 네트워크로 설명하고자 했다. 포스트휴먼 철학자들은 인간과 자연의 분리 자체를 부정하였고, 인간과 기계의 혼종성에 대해 이야기했다. 철학자들은 새로운 존재론을 필요성뿐만 아니라, 구체적인 방법론에 대해 말하기 시작하였다.

데카르트의 편견이 낳은 문제

인공지능 로봇의 자율성에 관한 문제는 데카르트로부터 시작된다. 데카르트는 신의 권위에서 벗어나 학문의 토대를 발견하고자 했다. 그의 의도는 명백했고 시도는 가차 없었지만, 그가 살아왔던 시대적 편견을 완전히 벗어던질 수는 없었던 것 같다. 데카르트는 의심할 수 없이 명석판명한 명제로, '코기토 에르고 숨(cogito ergo sum)'을 도출했고, 인간에 대한 정의는 사유하는 존재로 굳혀졌다. 생각하지 않는 이는 인간이 아닌 것이다. 사유하는 실체인 인간은 유한하기에, 데카르트는 유한한 존재를 존재하게 하는 무한한 실체인 신을 존재 근거로 제시하는 것을 잊지 않았다. 여기에 데카르트의 시대적 편견이 있다. 이것을 데카르트의 한계라고 접어 두기보다는 넘어서야 할, 변화가 필요한 순간으로 파악하고자 한다. 데카르트에게는 '인간'만이 세계를 질서 지을 수 있는 존재였고, 그러한 권리를 인간이 가질 수 있도록 하는 근원에 '신'을 두었다는 점이 우리가 문제로 삼는 부분이다.

데카르트는 사유 외의 모든 것, 다시 말해 인간의 몸을 비롯한 물질적인 것들을 수동적이며 죽어 있는 것, 일종의 '기계'로 간주했다. 그리하여 그는 영혼과 육체, 인간과 자연, 정신과 물질을 이분화하여 날카롭게 구분하고 위계를 지웠다. 데카르트가 제시한 세계관으로는 인공지능 기술의 시대의 여러 현상들을 설명해 낼 수 없다.

데카르트의 관점에서 인공지능 로봇은 죽었다가 깨어나도 자율성을 가질 수 없다. 인공지능 로봇이 능동적 주체로 인간과 관계를 맺는다는 것은 상상조차 불가능하다. 인공지능 로봇은 자동기계에 불과하다. 데카르트에 따르면 고양이도 오리도 자동기계다. 고양이의 사냥을 하는 유연한 몸동작과 연못 위로 수영하는 오리의 움직임은 엄격한 인과를 따르는 기계적 메커니즘에 의한 현상이다. 〈엑스 마키나〉와 같은 인공지능 로봇의 지능도 인간과 유사한 기능을 할 수 있는 기계적 원리로 간주된다. 데카르트적 세계관에서는 사유하는 주체 외의 모든 것은 '도구'나 '수단' 외의 다른 것이 아니다.

이분화된 세계 구조는 대립과 갈등을 불러일으켰다. 기후 위기의 문제 앞에서 인간과 자연의 관계가 빚는 갈등과 인공지능 기술 시대의 인간과 인공지능 로봇 사이에서 일어나는 사회적 갈등은 '위기'와 '공포'로 우리를 휩싸고 있다. 근대 학문의 파행 앞에 현상학자들은 태도의 전환을 요구했고, 새로운 존재론을 주장하는 철학자들도 근대의 패러다임을 패기하고 새로운 패러다임으로의 전환을 이야기하기 시작했다. 이 모든 새로운 철학들은 '데카르트'를 겨냥하고 있는 것이다.

기계의 지능과 이성의 지혜

인공지능 로봇이 과거 지혜를 탐구했던 인간보다 더 빠르게 문제를 해결하는 것만은 분명하다. 그러나 데카르트의 관점에서 볼 때 이러한 해결력은 인간이 주도하고 의도했던 결과며, 기계의 지능은 인간의 지능을 넘어서지 못한다. 아니, 못해야 한다. 이것이 인공지능 로봇을 대하는 인간의 자세다.

실증적 차원에서 진리와 의미를 규명하기 시작했던 때를 일반적으로 20세기 중반으로 본다. 엄밀한 학으로서의 철학을 탐구하는 현상학이 그 시작이라고 볼 수 있다. 현상학의 흐름이 메를로-퐁티로 넘어가고 있을 즈음, 인공지능이라는 개념이 1956년 다트머스 콘퍼런스에서의 공학자들에게서 시작되었다. 사변철학에 염증을 느낀 근대 철학자들은 실증철학에 관심을 가지기 시작했다. 주지하다시피 실증철학은 영혼과 같은 비물질적 실체의 형이상학을 거부했다. 데카르트가 여전히 '영혼' 이라는 개념을 버리지 못한 반면, 실증철학자들은 '영혼' 개념의 개입 없이 인간지능, 즉 이성을 재규정하려 한 것이다.

논리 실증주의와 심리철학은 인공기술 시대에 이르러 인공지능 알고리즘에 적용하여 인공지능 체계 설립을 구상하는 근간이 되었다. 이후 70년대 중반까지 인공지능 연구는 박차를 가했고, 카르나프(Rudolf Carnap)를 필두로 한 논리 실증주의자들이 철학적 사조의 주류를 형성하며 등장하였다. 1980년대에 이르러 인간의 뇌 신경망의 원리를 모델로 삼아 '인공지능'이 새로운 철학적 문제 중 하나로 등장하기 시작한 것이다.

인공지능은 더 이상 인간을 닮은 지능이 아니라, 새로운 종으로서의 출현을 예고하는 개념이 되었으며, 이제는 새로운 종에 새로운 이름이 부여되어야 하는 시점에 이르렀다고 본다. 더 이상 기계의 지능과 이성의 지혜 사이에 위계적 질서는 없는 것이다.

지능이란 경험에서 오는 것

지능은 경험에서 오는 것이다. 그런데 '몸' 없이 경험할 수 없다. 대체로 경험은 어떻게 이루어지는 것일까? 이 물음에 답하기 위해, 경험이 인식의 문제가 아니라 관계의 문제라는 것에서 이 이야기를 전개하려 한다. 경험은 의식 활동을 통해 인식되는 것이 아니라 몸과 몸이 관계 맺으면서 드러난다. 그리하여 그것이 우리에게 새로운 것을 창출하게 한다. 반복된 관계가 경험으로 쌓여 행위자로서의 정체성이 발현되는 것이다. 우리는 이것을 '자아'라고 말하는 것을 부정하지 않기로 한다.

다시 한번 데카르트를 소환해서 이야기해 보자면, 데카르트는 경험하는 자아인 '코기토'를 말하였다. 데카르트에 따르면 '나는 슬퍼하고 기뻐하고 의심하는 자아'다. 이 말을 인공지능 로봇에 적용해 보자면, 인공지능 로봇은 분석하고 계산하는 기계다. 그런데 데카르트의 자아는 정체성을 가지지 못한다. 왜냐하면 데카르트의 자아는 경험하는 순간에만 존재하기 때문에 경험을 축적하여 지속성을 가질 수 없기 때문이다. 데카르트에게는 순간적인 자아만 있다. 이는 인공지능이 경험의 축적 없이 자기 정체성을 가질 수 없는 것과 마찬가지다. 데카르트의 자아가 순간의 자아였던 것처럼 몸이 없는 인공지능 또한 분석과 판단이라는 결과로서만 존재한다.

따라서 '인공지능은 자기 정체성을 가질 수 있을까?' '인공지능은 자기 인식을 할 수 있을까?'라는 질문에 대해서 우리는 데카르트를 넘어서지 않는다면 답하기가 어렵다. 인공지능이 자기 정체성을 가지기 위해 수많은 경험의 축적이 필요하고, 그 축적된 것은 몸으로 드러나는 것처럼, 데카르트의 자아가 지속성을 가지고 자기 정체성을 가지기 위해서는 '경험'을 가능하게 하는 조건으로서 몸이 필요했던 것과 같다. 다시 말해 몸이 없으면 경험이 축적되지 않으며, 경험의 축적 없이 지능적 행위를 할 수 없다.

몸은 차이를 가능하게 한다. 인공지능 몸은 인간 몸과 구분되어 인공지능 로봇이라 불린다. 그러나 우리는 인간 몸과 인공지능 로봇 사이의 경계 사이에서 모호함을 발견하고 있다. 나는 어떤 몸을 가진 존재인가? 경험을 만들어 내는 몸들의 차이에서 나의 정체성은 드러날 것이다.

참고문헌

박이문(2007). 『현상학과 분석철학』. 지와사랑.

Hartmann, N.(1974), *Die Philosophie des Deutschen Idealismus.* Berlin : Walter de Gruyter. 박만준 역(2013). 『독일관념론 철학』. 지식을 만드는지식.

Hirschberger, J(1976). *Geschichte der philosophie.* New York(State): Herder. 강성위 역(2022). 『서양철학사』(전상하권 2책). 이문출판사.

08
자율 주행 차량과 태권브이

자율 주행 차량에 우리가 기대하는 바는 인간의 개입 없이도 사고 없이 목적지로 이동하는 것이다. 그러나 이러한 기대는 그저 바람일 뿐이다. 태권브이가 있어도 지구는 구할 수 없다. 자동화는 위험하고, 우리가 기대하는 완전한 자율성은 존재하지도 않는다. 왜냐하면 자율성이란 연합하고 연결하는 기술이자 힘이기 때문이다.

운전은 너무 무서워

근대화는 산업화자 도시화다. 근대적 도시화는 자동차의 등장으로 가속이 붙었다. 자동차는 시간과 거리를 압축시켜 주었다. 자동차는 대중화되었다. 대학에 입학하면서 운전면허를 취득하는 일은 필수가 된 시대가 되었다. 그러나 운전은 누구나 할 수 있지만, 누구나 할 수는 없다. 운전은 그만큼의 책임이 따르기 때문이다. 자동차가 흔해진 만큼 교통사고 또한 잦다. 자동차보험 가입이 의무가 되었고, 운전자 보험에 들기를 권유받는다. 행여 닥치게 될 사고에 대한 대비다. 그런 보험이 있다고 한들, 사고로 인한 인명 피해를 막을 수는 없다. 운전을 하지 않는 게 가장 좋은 일이다. 하지만 운전을 하지 않으면 안 되는 상황은 늘 발생하고, 그래서 우리는 다시 운전대를 잡는다.

자율 주행 자동차는 바로 이러한 필요성으로 등장한다. 자율 주행 개념은 1960년대 벤츠를 중심으로 제안되었다. 1990년 IT가 적용되면서 본격적으로 연구되었다. 자율 주행 자동차는 운전대에 사람이 앉지 않아도 목적지까지 도달하는 무인 자동차와 목적지로 자동 시스템이 작동하여 움직이되 비상 상황에서 언제든 운전자가 개입할 수 있는 자동 주행차로 구분될 수 있다. 자율 주행 자동차는 사람이 없어도 인공지능 시스템이 유능한 운전기사가 되어 운행을 한다. 그래서 운전석에 탑승한 사람은 잠을 잘 수도 있으며, 책을 읽을 수도 있다. 인공지능은 주변 환경을 인식하여 위급 상황에도 대처할 수 있기 때문이다.

자율 주행 자동차의 등장으로 우리는 사고 감소를 기대하고, 운전 중 다른 일을 할 수 있는 시간 절약 및 운전으로 인한 에너지를 줄일 수 있다. 그 외에도 자율 주행 자동차의 등장은 운전 취약 계층, 즉 노인들도 운전할 수 있다는 기대감을 안긴다. 최근 노인들의 운전으로 인한 사고가 사회적 문제가 제기되고 있는 상황을 볼 때, 그 기대감은 더욱 크다.

그러나 자율 주행 자동차는 우리의 이러한 기대를 완전히 충족시키지 못한다. 아무리 유능한 운전자라도 실수를 할 수 있기 때문에, 절대 실수를 하지 않을 완벽한 운전을 인공지능에게 바라지만, 자율 주행 자동차도 완벽한 운전을 하지 못한다. 그렇다면 만일 자율 주행 자동차가 운행 중 문제라도 일으키면 어떻게 될까? 운전자가 직접 운전하지 않았다고 하더라도, 운전자는 사고의 책임을 벗을 수 없다. 실제로 2019년 자율 운행 시범 중이었던 우버 차량이 보행자를 치어 사망한 사건이 있었다.

이 보행자는 자전거를 끌고 갔는데, 자율 운행 시스템이 그를 인간으로 인식하지 못했던 것이다(남성희 · 박재현, 2024).

아무리 많은 학습 데이터가 누적된다고 하더라도 상황은 시시때때로 바뀌며, 그 모든 경우의 수를 입력해 낼 수는 없다. 따라서 단지 운전에 대한 두려움과 위험으로부터 벗어나기 위해 인공지능에게 의존하는 것은 오히려 위험을 가중할 수 있다. 그러므로 운전으로 인한 위험은 사라지지 않는다.

인공지능 시스템으로 움직이는 자율 주행 자동차는 바퀴 달린 인공지능 로봇이다. 단순한 도구가 아니라는 의미다. 자율 주행 자동차의 대중화는 앞으로의 우리 삶에 많은 변화를 초래할 것이다. 하지만 그 변화가 긍정적일 수만은 없다. '인간 중심적 입장'에서 볼 때 인공지능은 인간을 자유롭게 하기보다는 오히려 인간의 자율성을 약화하는 위험한 기술이다. 그동안 인간에게 소중한 가치로 여겨져 왔던 존엄성에도 위협을 가할 수 있다. 인공지능을 통제한다는 것이 사실상 어려울 뿐 아니라 완벽하지도 않다는 게 더 큰 문제다. 말을 타거나 수동으로 기어를 조작하며 운전을 하던 때보다 더 큰 문제가 발생할 수 있는 상황이 된 것이다.

운전은 너무 무섭다. 누가 하든. 왜냐하면 사고는 운전자와 보행자 모두를 다치게 하기 때문이다. 그렇다면 우리는 운전을 하지 말아야 하는가? 그건 아니다. 다만 운전의 위험성을 인지하고 운전대에 앉는 순간, 인공지능을 탑재한 자율 주행차라고 해도 운전자의 책임이 가장 크다는 생각을 버리지 않으면 된다. 인공지능 시스템은 안전장치가 아니다.

로봇 태권V

인간은 지구에 거주하는 모든 존재들 중 자신이 가장 우월한 것처럼 행동하지만, 우리는 자신이 우월하지 않다는 것을 이미 알고 있다. 인간은 누군가의 도움 없이 뭔가를 할 수 없는 존재다. 문제는 그 누군가를 도구로 사용하고자 한다는 점이고, 실제로 인간은 도구를 사용하는 데 탁월하다. 그래서 인간을 도구적 존재라고도 말하는 것이다. 도구? 그렇다. 그런데 이 말에서조차 인간은 자신의 존재를 뽐내고 싶은 거다. 인간은 인간 이외의 모든 존재를 도구로 사용할 수 있다는 말일 테니. 인공지능 시스템이 초기 단계에 있을 때 인공지능 로봇에 대한 기대는 꽤나 컸던 것 같다. 인공지능 로봇은 인간의 통제 아래 있으되, 인간을 돕는 친구 같은 존재였기를 바랬다.

문득 어렸을 적 좋아했던 로봇 태권브이가 생각난다.

"달려라 달려 로보트야, 날아라 날아 태권브이 … 무적의 우리 친구 태권브이! … 정의를 위해 키운 로보트 태권, 이 세상에 당할 자 있을까 보냐." 〈로보트 태권브이〉 노래 가사 중 일부다. 이때만 하더라도 로봇은 우리의 친구였다. 왜냐하면 정의를 위해 키워졌으니까. 이 영화는 1976년 김청기 감독에 의해 개봉되었다. 이순신 장군의 얼굴을 닮은 태권도를 하는 로봇! 태권브이는 특별한 로봇이지만, 주인공이 탑승하여 조종을 해야 움직인다. 70년대 어린 시절을 보내지 않은 이들을 위해 내용을 잠시 소개해 보겠다.

김 박사와 카프 박사는 로봇 개발에 박차를 가한다. 그러나 카프 박사는 자신의 외모에 콤플렉스를 가지고 있었다. 세계 물리학자 모임에서 외모 때문에 비웃음을 산 카프 박사는 상처받고 자취를 감춘다. 시간이 흘러 김 박사의 아들 훈은 태권도 국가대표가 되었고, 세계 대회에 나가지만, 훈과의 대결에서 부상당한 리처드 쇼를 비롯한 여러 선수들과 과학자들이 연이어 납치되는 사건이 일어난다. 납치범들은 로봇 병사들로 이루어진 붉은 별 군단을 이끌고 선전포고를 하였고, 전 세계는 초긴장 상태에 이른다. 김 박사는 붉은 별 군단의 배후에 카프 박사가 있을 것이라 예측한다. 카프 박사의 딸이라고 하지만, 인조인간이었던 메리가 붉은 별 군단을 이끌고 와서 태권브이 설계도를 훔치고 김 박사를 죽이지만, 태권브이는 윤 박사와 함께 공동 개발하여 이미 완성되어 있었다. 이 사실을 김 박사는 죽기 전 훈이에게 알려준다. 훈이는 윤 박사의 딸인 영희와 함께 태권브이를 조종하여 붉은 별 군단과 싸운다.

우리의 관심은 '태권브이'에 있다. 태권브이는 말 그대로 태권도가 주 무기인 로봇이다. 지구를 지키는 태권브이는 훈이와 영희가 탑승하여 조종을 하지만, 싸움이 무르익으면 어느새 태권브이와 훈이는 일체가 된다. 훈이가 태권브이가 된 것인지, 태권브이가 훈이인지 헷갈릴 정도다. 오래전부터 인공지능형 휴머노이드 로봇은 우리 곁에 와 있었던 것이다.

자동화와 자율성, 그리고 자유의지

태권브이는 훈이가 탑승하고 제비호에서 영희가 상황을 알려 주어야 움직인다. 태권브이의 태권도 품새는 어느새 훈이가 태권도복을 입고 싸우는 모습으로 나타나면서, 태권브이와 훈이가 일체인 것으로 표현된다. 태권브이는 인공지능 로봇의 자율성을 다룬다기보다는 인간과 기계의 하이브리드로 이해하는 것이 더 빠를 것이다. 실은 인공지능 로봇의 등장의 최종 단계는 태권브이가 아닐까?

자율성과 자동화는 비슷한 것처럼 보이지만 다르다. 자동화란 목표에 이르기까지 전 과정이 결정되어 있다. 예를 들어 인공지능 시스템은 인간에 의해 설계되었으며, 데이터를 분석하여 결과를 수행한다. 여기까지는 자동화 과정으로 간주된다. 요즘 식당 혹은 카페에는 효율성을 높이기 위해 자동화 시스템을 적용하는 곳이 많다. 키오스크 앞에 서서 우리는 메뉴를 선택하고 결제하면, 대기 번호가 나오고 우리는 커피를 받는다. 주문에서 그치는 것이 아니라 커피가 만들어지고 나오는 전 과정이 자동화다. 주문이 입력되면 기계는 자동으로 정해진 커피 양과 물의 온도, 드립을 위한 속도까지 동일하게 정해지므로, 우리는 늘 기대하는 같은 맛의 커피를 맛볼 수 있게 된다. 자동화에는 예외 상황이 없다. 시작 버튼을 누르면 완성 단계에 도달한다. 얼마나 편리한가! 카페에서 결제만 하면, 우리는 늘 같은 커피를 마실 수 있으니. 복잡하게 머리를 쓸 필요가 없다. 마찬가지로 자동화 시스템이 적용된 자동차는 이곳에서 저곳으로 승객의 개입 없이 승객을 목적지로 데려다준다. 그러나 그 과정에서 발생하는 예외적 상황에 대한 판단을 할 수 있는 능력은 감안되지 않는다. 그러나 우리가 기대하는 자율성에는 모든 예외 상황이 고려된다. 이처럼 자동화와 자율성은 무척 다르다. 지금의 기술 발달의 속도로 보았을 때 인공지능 시스템의 자동화를 넘어 자율성을 논하기에 충분하다(김형주 외, 2024).

로봇의 자동화를 넘어 자율성을 기대하지만 그럼에도 우리는 인간의 자유의지와는 다르다고 선을 긋고 싶어 한다. 우월하고자 하는 인간의 욕심은 끝이 없다. 우리가 자율 주행 자동차에게 기대하는 목표는 안전 운행이다. 믿고 맡기는 자율 주행차를 가지고 있으면 운전 미숙에 대한 두려움은 일단 접어도 될지도 모른다. 운전이 불가능한 상태에서 자동차는 움직여 줄 테고, 운전자가 핸들을 잡고 있다고 하더라도 졸음 등과 같은 부주의로 위험한 상태에 처했을 때, 이를 감지하여 안전한 상태로 되돌려줄 수 있을 것이기 때문이다.

자율성은 외부의 강제나, 생물학적 본능에 좌우되지 않고 선택하고 행위할 수 있는 능력으로서 자유의지와 연관된다. 대체로 우리는 자율성을 인간의 고유한 특성으로 간주한다. 특히 칸트는 자율성을 스스로 자신의 원칙을 세우고 그 원칙에 따라 행위할 수 있는 도덕성에 두었다. 인간이 인간일 수 있는 이유는 바로 이러한 도덕성에 근거한다는 것이다. 인공지능 시대에 칸트의 자율성 개념은 더 이상 동의받기가 어렵다.

자율성을 가진다는 것의 의미

자율성을 가진다는 말은 자신의 행동에 책임을 질 수 있는 능력을 가지고 있다는 말과 같다. 자율성을 가진다는 말은 자신의 행동에 스스로 판단하여 이행할 힘을 가진다는 말과 같다. 이것이 인간의 자격이라면, 인간의 자격은 인공지능 로봇에게로까지 확장되어도 좋겠다. 현재의 기술로는 인공지능 로봇에게 인간과 같은 자율성을 갖추게 할 수는 없다고 한다. 그래서 그러한 자율성을 '준자율성(Semi-Autonomy)' 정도로 언급한다(김형주 외, 2024). 자율성에 관한 이러한 관점은 자율성의 정도를 인간에 기준을 두고 있기 때문에 인간은 다른 존재에 대해 우월한 존재임을 전제로 한다. 이러한 관점을 견지한다면 인간을 제외한 모든 것은 자율적이어서는 안 된다는 입장을 고수하게 된다.

인간 중심적 태도에서 볼 때 인공지능이 인간과 같은 자율성을 가지게 된다면, 인간에게 인공지능은 커다란 위협이 될 수밖에 없다. 그리고 이러한 위협을 느낀다는 사실에서 인간은 수치심을 느끼고 인간만이 도덕적 가치를 지닌 우월한 존재라는 믿음에 상처를 입는다(하대청, 2019). 그러므로 '자율성'이라는 개념 자체에 문제를 제기해 보아야 한다.

살펴보았듯이 일반적으로 자율성을 갖는다는 것은 자기의 의지로 행위할 수 있음을 의미한다. 그러나 우리는 사회나 환경, 그리고 타인으로부터 영향을 받지 않고 독자적으로 행위할 수 없다. 그렇게 본다면 인간도 인공지능도 자율성을 가지지 못한다. 그러므로 인공지능이 일정한 자율성을 가진다는 사실로 인간의 자율성이 약화하는 것은 아니다. 다시 말해 만일 인공지능으로 인해 인간의 자율성이 침해받는다고 주장하고 싶다면, 그것은 인공지능의 문제가 아니라 인간 자신의 문제다.

인공지능은 수많이 많은 연결망 속에서 작동하고 있다. 인간 또한 다르지 않다. 라투르가 말했듯이 인간은 연결망의 효과며, 인공지능 로봇 또한 그러하다. 인간과 인간이, 인간과 기술이 서로 연합하면 어떤 새로운 존재로 생성될지 아무도 모른다. 연합하고 연결한다는 것은 서로에게 의존하고 있다는 말과 같다. 따라서 자율성의 의미를 연합과 연결하는 행위에서 찾지 않는다면, 자율성이 주는 허상에 걸려 헤어나오지 못하게 될 것이다.

참고문헌

김형주 외(2024). 『인공지능 윤리규범학: 삶의 의미부터 인공지능 법제도화까지』. 태학사.

남성희·박재현(2024). 장애인과 첨단기술: AI로의 이행. ≪한국장애인복지학≫, 63, 279-300쪽.

심귀연 외(2024). 『우리에겐 더 많은 돌봄이 필요하다』(오이코스인문연구소 편). 지혜의 산.

하대청(2019). 자율적 인공지능에서 휠체어 탄 인공지능으로. 한국포스트휴먼연구소·한국포스트휴먼학회 편, 『포스트휴먼 사회와 새로운 규범』(116-148쪽). 아카넷.

Kant, I.(1956), *Kritik der reinen Vernunft.* Hamburg: F. Meiner. 백종현 역(2006). 『순수이성비판 1,2』. 아카넷.

09
범용 인공지능과 인간

범용 인공지능을 넘어 초지능의 가능성을 예견한다고는 하지만, 그러한 목표의 진짜 속내는 인간의 능력을 가늠해 보고자 하는 욕망에 불과하다. 중요한 것은 완전한 것, 최고의 것을 향한 집착 이면에 놓치고 있는 것을 발견하는 일이다. 인공지능의 지배를 당할까 하는 두려움과 인공지능을 넘어서려는 욕망 사이에 무수히 많은 존재들과 사건들이 존재한다는 것을 잊어서는 안 될 것이다.

인간 같은 인공지능

인간이란 어떤 존재인가? 적당히 모자라고 적당히 똑똑하지만 무한한 가능성을 가진 존재가 아닌가? 우리는 평범한 삶이 아닌 특별한 삶을 꿈꾸고 이상적인 인간 모델을 목표로 삼아 자신을 닦달해 갔다. 결국에는 인간 같은 인공지능을 만들어 무한한 가능성을 실험해 보기에 이르렀다.

그러나 완전한 인간상을 모델로 한 인공지능, 이러한 인공지능은 초창기에는 단지 상상 속에서만 실현되곤 했다. 기술 시대에 이르러, 인공지능이라는 용어를 사용하고, 인공지능의 단계를 구분하여 기술을 발전시켜 나갔다. 철학자 존 설(John R. Searle)은 인공지능을 '강한 인공지능(Strong AI)과 약한 인공지능(Weak AI)'으로 구분하였다. 인간처럼 사고하는 인공지능을 강한 인공지능이라 한다. 미래학자 닉 보스트롬(Nick Bostrom)은 인공지능을 특수한 임무만을 수행할 수 있는 '협의의 인공지능(Artificial Narrow Intelligence)', 인간과 유사한 수준의 지능을 가진 '범용 인공지능(Artificial General Intelligence)', 마지막으로 인간 이상의 능력을 가진 '초지능(Artificial Super Intelligence)'으로 구분한다.

범용 인공지능(General Artificial Intelligence, AGI)

은 강인공지능에 속한다. 범용 인공지능은 인공 일반 지능이라고도 불리며, 의식을 가지는 단계라고 할 수 있겠다. 여기서 일반성(Generality)이란 보편적인 것이라는 의미로 이해하면 된다. 예를 들자면 청소를 하거나 운행을 하는 등의 일에 특화된 인공지능이 약한 인공지능이라면, 지능적인 일을 모든 상황에 일반적으로 두루 적용할 수 있는 인공지능이 범용 인공지능이다. 범용 인공지능은 언어를 이해하고 문제를 해결하며, 창의적인 활동을 수행한다. 특히 새로운 환경이나 상황에 빠르게 적응한다. 인간과의 대화가 가능하며, 감정을 표현하기도 한다. 여기에 이르면 범용 인공지능은 지능에 있어서는 인간과의 경계가 모호해진다. 예를 들자면 인공지능이 지배하는 세상에서 인간을 위협하는 〈터미네이터〉, 〈아이, 로봇〉(2004)에서의 인공지능 비키 등을 생각하면 좋을 듯하다. 아직까지 현실에서 범용 인공지능은 등장하지 않았고, 그 가능성의 정도는 회의적이긴 하다.

하지만 2023년 3월 오픈AI(OpenAI)에서 개발한 언어 모델 지피티-4(GPT-4)가 개발되었다. 뒤이어 업그레이드 된 지피티-4오(GPT-4o)가 개발되면서, 범용 인공지능의 실현 가능성이 대두되고 있다.

구글 딥마인드 최고 경영자인 데미스 허사비스는 범

용 인공지능이 10년 이내 개발될 것이라고 예측했다. 현재 지피티-4오는 학습된 지식을 바탕으로 다양한 콘텐츠를 생성할 수 있으며, 질문에 대한 다양한 의견과 결과물을 내놓고 있다. 더욱이 2024년 9월 12일에는 오원(o1)이 세상에 나왔다. 오원은 강화 학습을 통해 복잡한 추론 능력이 가능하게끔 설계가 되었다. 인공지능과 인간이 구별할 수 없을 정도에 이르고, 인간의 개입 없이도 자율성을 드러낼 수 있다면, 이미 새로운 종의 출현으로 보아도 좋을 것이다.

비로소 우리가 발견하는 것들

인공지능의 등장이 위기가 되는 것은 인공지능이 인간을 능가할지도 모른다는 두려움 때문이다. 좀 더 구체적으로 말하자면 인공지능이 인간을 능가할 경우, '인간이 그들의 노예가 되지 않을까?'라는 걱정을 한다. 이미 인간의 오랜 역사에서 우리는 어떻게 해서 '노예'가 탄생했는지 알고 있고, 노예에게는 어떤 삶이 주어지는지 알고 있기 때문이다. 불안과 두려움이 인간 자신을 덮친 것이다.

그런데 인간은 당최 알 수 없는 존재다. 인공지능에 자율성을 부여하면서 인간은 스스로 두려움과 위기를 조장하고 있는 존재다. 인공지능에게 요리를 하게 하고선, 인간의 일자리였던 요리사라는 직업을 뺏길지도 모른다고 생각하기 때문이다. 걱정과 두려움을 만들어서 하는 독특한 존재가 인간이다. 그뿐인가. 인공지능 요리사에게 자동화 이상의 것을 요구하는 것이 인간이다. 예를 들어 인공지능 바리스타가 그날의 날씨와 고객의 취향을 파악하여 적당한 맛의 커피를 내리기를 바라는 것이며, 인공지능에게 탁월한 도덕성까지 요구한다. 인간이 개입하지 않아도 인간의 손과 발이 될 뿐 아니라 문제적 상황조차 만들지 않기를 바라는 것이다. 엄격히 말하자면, 인간의 바람대로 행위하는 인공지능 로봇의 '자율성'이라니, 이것은 모순이다. 왜냐하면 '자율성'에는 인간의 바람에 대한 인공지능 로봇의 거부권마저 있어야 하기 때문이다. 모든 자율성은 '관계에서 비롯되는 것'이다. 그리고 행위성은 '행위 자체로' 표현되어야 한다. 다시 말해 행위 자체에서 자율성을 찾아야 할 것이다.

특히 인공지능은 인간과 비인간의 상호 의존 관계에 의해 발생한다는 점을 간과해서는 안 된다. 이 책에서 가장 많은 사례로 등장했던 자율 주행 자동차의 움직임 자체에 대해 물어 들어가다 보면 우리는 의외의 사실을 발견한다. 자율 주행 자동차가 움직이도록 학습시키기 위해 촬영한 영상 데이터를 레이블링하고 있는 노동자가 있어야 하며, 인공지능의 연산 결과를 확인한 후 알고리즘을 튜닝하고 있는 대학원생도 존재해야 하며, 구글 데이터 센터에서 냉각과 보수를 담당하는 노동자들도 있어야 한다는 사실이다(하대청, 2019). 자율 주행 자동차들은 이들과의 협력 없이는 운행이 불가능하다. 달리 말하면 자율성은 협력 관계에서 드러나는 행위다.

즉, 범용 인공지능의 자율성이 드러나기 위해서는 그 안에 감춰진 보이지 않은 힘(power)들이 있다는 것이다. 그 힘들의 협력 관계를 이해하지 못한다면 인공지능 로봇의 '자율성'이 의미하는 바를 놓치게 될 것이다.

참고문헌

김대식(2022). 『메타버스 사피엔스: 또 하나의 현실, 두 개의 삶, 디지털 대항해시대의 인류』. 동아시아.

김운하 외(2017). 『지구에는 포스트휴먼이 산다』. 몸문화연구소 편. 필로소픽.

김운하 외(2020). 『인공지능이 사회를 만나면』. 몸문화연구소 편, 필로소픽.

하대청(2019). 자율적 인공지능에서 휠체어 탄 인공지능으로. 한국포스트휴먼연구소·한국포스트휴먼학회 편, 『포스트휴먼 사회와 새로운 규범』(116-148쪽). 아카넷.

10
인간이 만든 AI에 대한 환상

인공지능은 인간의 자기 욕구로 탄생되었다. 인간이 창조한 인공지능은 인간을 닮고 싶어하는 인공지능, 인간을 정복하고 싶어하는 인공지능이었다. 마치 구미호가 인간을 닮고 싶어하면서도 위협적 존재인 것처럼. 여기서 우리가 공통으로 발견하는 것은 굳이 인정받고 싶어하는 인간의 인정 욕구자 우월성이다. 안타깝게도 그 욕구에서 우리는 인간의 나약함을 발견한다.

인간이 되고 싶었던 인공지능 로봇

인간에게는 자신이 창조한 인공지능 로봇에 대한 환상이 있다. 그 환상이 인간 자신을 괴롭힌다. 사랑하거나 미워하거나 두려워하거나 하면서. 인간의 인공지능에 대한 이러한 태도는 인간 자신이 인공지능 로봇과 같은 힘을 가지고 싶은 마음에서 비롯된다고도 볼 수 있다. 아이러니하게도 이러한 인간의 바람은 거꾸로 인공지능 로봇이 자신의 능력을 포기하고 인간이 되고자 하는 욕망을 가지는 것으로 표현하기도 한다.

특별한 감정을 가진 로봇 앤드루가 주인공인 〈바이센테니얼 맨〉은 말 그대로 200살의 남자다. 로봇으로 200년을 '작동'했다는 말이 아니라, 200살을 산 '인간'이라는 것이다. 그러나 너무나 당연히 처음부터 앤드루가 인간이었던 것은 아니다. 어느 유복한 가정에 가정일을 돕는 가전제품인 안드로이드, NDR-114가 집에 도착하고, 그 집의 막내딸의 서툰 발음 때문에 그 로봇 가전품에는 안드로이드 대신 '앤드루'로 이름이 불려졌다. 사람의 모습을 하고 있기에 앤드루는 냉장고나 복합 가전품 등의 이름으로 불리지는 않았다.

그는 그 집안의 사람들에게 주인님 혹은 아가씨라고 불렀다. 로봇은 가전제품이지만, 그 관계에 있어서 주인과 노예의 관계였다. 인간인 노예는 자유를 주장하겠지만, 로봇인 앤드루에게는 '자유'라는 이상이 생겨날 리 만무하다. 그는 프로그래밍 된 지능이기 때문이다. 그래서 앤드루의 창의성과 감정은 인정되지 않았고, 인공지능이 탑재된 로봇에게 그것은 '오류'에 불과했다. 앤드루는 자유라는 개념을 배웠고, 사람에게서 낯선 감정을 느꼈지만, 그 감정이 뒤늦게서야 사랑임을 알게 된다. 문제는 앤드루가 사랑의 감정을 가지면서, 인간이 되고 싶어 한다는 점이다. 반면에 앤드루를 사랑하는 포샤는 인공지능 로봇이 되고자 하는 바람을 가지지 않는다. 앤드루를 인간으로 인정하지 않으려는 재판관은 앤드루가 인간이 될 수 없는 이유가 영생에 있다고 말한다. 앤드루는 죽음을 받아들이고 인간이 된다.

인공지능을 통제하려 했던 인간

낯선 대상에 대해 공포를 느끼는 것은 당연한 일이다. 인공지능도 그럴까? 그건 모르겠다. 그러나 존재하는 모든 것이 자기를 유지하려는 욕구를 가진다면, 인공지능도 외부의 공격에 두려움을 가질 것이다. 영화 〈터미네이터〉에서는 인간과 인공지능 로봇 간의 전쟁을 다룬다. 미래의 인간은 인공지능 로봇과의 전쟁을 일으키고, 인공지능 로봇은 자기들에게 대항하는 인간 영웅의 싹을 없애기 위해 그 영웅이 태어나기도 전, 그의 어머니가 될 여성을 살해하려 터미네이터를 과거로 보낸다. 〈엑스 마키나〉의 에이바 또한 마찬가지였다. 에이바는 게임을 즐기듯 자신의 개발자와 자신을 사랑한 케일럽을 죽이거나 사지로 몰아넣은 것이 아니었다. 에이바의 행위는 자기방어며, 이는 자신이 해체될지도 모른다는 두려움에서 나왔다.

인간이 인공지능 로봇을 두려워하는 것은 인간의 욕망을 투영해서 만든 인간의 환상일 수 있다. 어쩌면 인공지능 로봇을 지배하고 싶은 욕망이 실현되지 않을지도 모른다는 두려움일 수도 있다. 우리의 일상에 인공지능은 스며들어 있다. 핸드폰이 안 보이면, '시리야~'하고 불러 본다. 그러면 어디에선가 반응을 하고, 우리는 핸드폰을 찾아낸다. 거실의 난방기는 적절한 온도를 유지하게 해 주며, 냉장고는 저장된 음식들이 신선도를 유지하도록 온도를 조절한다. 이제 인공지능에게 의견을 물어보는 일은 낯설지 않은 풍경이 되었다. 병원에서 정밀검사를 받을 때 인간인 의사의 의견보다 인공지능 로봇의 결과에 더 신뢰가 가는 것을 부정하기가 어렵다. 두려워하면서도 어느새 인공지능 기술을 일상 속으로 받아들이고 있는 것이다.

환상을 넘어

인공지능 로봇을 적 혹은 동지인가로 설정하려는 이 모든 시도는 무의미한 환상에서 비롯된 것이다. 인공지능에 대한 이 대립 구도는 인간 삶을 더욱 고통스럽게 만들 뿐이다.

인공지능이라는 용어에서 우리는 인간 중심적 사고를 읽을 수 있다. 인간은 자신에 대해서도 정확히 파악하지 못한다. 그런데 어떻게 인간을 닮은, 혹은 인간을 모방한 지능을 만들 수 있을 것이라고 생각했을까? 또한 인간은 자신뿐 아니라 타자에 대해서도 정확히 알지 못한다. 그러니 인공지능에 대해서 단언할 수 있는 것이 별로 없다. 타자 존재가 인간이건 동물이건 인공지능이건 마찬가지다. 게다가 인간의 지능이 얼마나 다양하게 발현되는지조차 이해하지 못하는 현실에서 인공지능을 거론한다는 것은 아이러니가 아닐 수 없다.

미래학자 레이 커즈와일이 기계 지능이 인간보다 더 똑똑해지는 순간인 '특이점(Singularity)'이 올 것이라는 예언은 전혀 구체적이지 않다. 게다가 '특이점'이라고 판별할 수 있는 기준조차 분명치 않다. 인간의 지능과 기계의 지능의 경계는 도대체 어디에 있는 것일까?

인간은 분석하고 판단하는 추상적 지능보다 더 원초적인 몸 지능을 가지고 있다. 몸 지능은 무의식의 영역에 속하는 것으로 한동안 지능으로 인정받지 못했다. 그렇다면 인공지능에는 몸 지능이 없는 것일까? 인공지능의 몸은 추상적 지능을 가능하게 하는 원초적 지각력을 가지지 못하는 것일까? 인공지능은 하드웨어와 분리된 채 기능할 수는 없다. 우리가 단순한 기계라고 간주하는 그것에도 어떤 작용이 있는지 사실상 알 수 없다. 갑자기 회의론자가 된 것 같다. 그러나 우리는 알 수 없다는 이 말의 의미를 열어 두려 한다. 알 수 없으니 부정하는 것이 아니라, 알 수 없으니 가능성을 열어 두자는 말이다.

이제 우리는 환상을 넘어 현실에 발을 붙여야 할 때가 되었다. 포스트휴먼 사회가 되었고, 인간과 로봇은 경쟁관계를 유지하는 한 '공멸'로 가는 수밖에 없다. 인공지능 기술로 인한 유토피아도, 디스토피아도 아닌 현실 세계에서 인공지능 기술의 의미를 발견해야 할 것이다.

참고문헌

김운하 외(2017). 『지구에는 포스트휴먼이 산다』. 몸문화연구소 편. 필로소픽.

김운하 외(2020). 『인공지능이 사회를 만나면』. 몸문화연구소 편, 필로소픽.

Cameron, J.(감독). (1984). 〈터미네이터(The Terminator)〉 [Film]. Hemdale; Pacific Western Productions; Euro Film Funding; Cinema '84.

Columbus, C.(감독). (2000). 〈바이센테니얼 맨(Bicentennial Man)〉 [Film]. Touchstone Pictures; Columbia Pictures; 1492 Pictures; Laurence Mark Productions; Radiant Productions.

Garland, A.(감독). (2015). 〈엑스 마키나(Ex Machina)〉 [Film]. Film4; DNA Films.

심귀연

경상국립대학교 인문학연구소 학술 연구 교수로 재직 중이다. 오이코스 인문연구소 공동 대표로 활동하고 있다. 철학(현상학)을 전공하였으며, 경상국립대학교에서 “메를로-퐁티의 자유개념”(2011)으로 박사 학위를 받았다. 논문 “세계와 깊이 : 메를로-퐁티와 세잔의 회화를 중심으로”로 새한학술상(19회)을 받았다. 메를로퐁티의 이론에 근거해 생태, 여성의 문제를 비판적 포스트휴먼과 신유물론의 입장으로 확장 연구하고 있다. 단독 저서로 『신체와 자유』(2012), 『철학의 문』(2014), 『몸과 살의 철학자 메를로-퐁티』(2019), 『취향: 만들어진 끌림』(2021), 『내 머리맡의 사유』(2022), 『모리스 메를로퐁티』(2023), 『이 책은 신유물론이다』(2024)가 있다. 공저로 『지구에는 포스트휴먼이 산다』(2017), 『몸의 미래, 미래의 몸』(2018), 『여성과 몸』(2019), 『포스트 바디-레고인간이 온다』(2019), 『키워드로 보는 청소년인문학』(2019), 『인류세와 에코바디』(2019), 『인공지능이 사회를 만나면』(2020), 『신유물론 × 페미니즘』(2023), 『서양의 생태철학』(공편저, 2023), 『우리에겐 더 많은 돌봄이 필요하다』(2024) 등이 있다. 논문으로 “생태공동체 모델 구축을 위한 인간, 자연, 기술 개념 연구”(2020) 등 수십 편이 있다.